金融风险防范
PPP法律难点解析

李贵修◎**著**

JINRONG
FENGXIAN FANGFAN
PPP FALÜ
NANDIAN JIEXI

知识产权出版社
全国百佳图书出版单位

图书在版编目（CIP）数据

金融风险防范 PPP 法律难点解析／李贵修著 . —北京：知识产权出版社，2019.2

ISBN 978 - 7 - 5130 - 6050 - 9

Ⅰ. ①金… Ⅱ. ①李… Ⅲ. ①金融风险防范—金融法—法律解释—中国

Ⅳ. ①D922. 280. 5

中国版本图书馆 CIP 数据核字（2019）第 010463 号

责任编辑：唱学静

封面设计：张新勇　　　　　　　　　　　　　责任印制：刘译文

金融风险防范 PPP 法律难点解析

李贵修　著

出版发行：	知识产权出版社 有限责任公司	网　　址：	http：//www. ipph. cn
社　　址：	北京市海淀区气象路 50 号院	邮　　编：	100081
责编电话：	010 - 82000860 转 8112	责编邮箱：	ruixue604@163. com
发行电话：	010 - 82000860 转 8101/8102	发行传真：	010 - 82000893/82005070/82000270
印　　刷：	北京嘉恒彩色印刷有限责任公司	经　　销：	各大网上书店、新华书店及相关专业书店
开　　本：	720mm×1000mm　1/16	印　　张：	15
版　　次：	2019 年 2 月第 1 版	印　　次：	2019 年 2 月第 1 次印刷
字　　数：	220 千字	定　　价：	68. 00 元

ISBN 978 - 7 - 5130 - 6050 - 9

序

作为转变政府职能、激发市场活力的重要改革举措，政府和社会资本合作（PPP）模式是公共服务供给机制的重大创新，在调动社会资本投入基础设施建设和公共服务方面发挥着积极作用。2014年以来，PPP经历了从探索发展到快速发展的阶段，一度出现PPP"井喷式"发展。然而，一些地方政府泛化滥用PPP，甚至出现借PPP变相融资等不规范操作，加大了地方政府隐性债务风险。为此，财政部提出要回归PPP本源。事实上，中国第一个PPP项目早在1984年就已经出现，本不是新鲜事物的PPP，为何会在沉寂多年后，于2014年开始出现"井喷式"的发展？它又怎样不断走向了"异化"？究竟隐含了什么样的风险？何为PPP的本源？如何回归本源？怎样才能行稳致远？这一系列的问题无不时时困扰着我们。李贵修先生所编著的《金融风险防范PPP法律难点解析》一书，对于澄清当前的认识误区，有效防范和化解金融风险，使PPP能够回归本源、行稳致远具有重要的意义，其出版可谓恰逢其时。

"千淘万漉虽辛苦，吹尽狂沙始到金。"作者是我指导的硕士研究生，在读书期间就勤思好学，毕业后虽然从事法律服务工作，但烦琐的法律事务并没有磨损其理论探究的热情。尤其是近年来，专注于PPP业务操作和理论研究，发表了一批有真知灼见的学术成果，提出了不少立法建议，受邀参加了国务院PPP立法调研现场会，提出了26条立法建议，多条体现在《基础设施和公共服务领域政府和社会资本合作条例（征求意见稿）》中，已经成长为该领域业务精湛的实务专家和理论能手。

在毕业后，作者一直和我保持着十分紧密的联系，并时刻关注着国家政策的调整及最前沿的实务操作。在与我的交流中，处处可见其真知灼见，更令人欣慰的是，他始终保持着不唯上、不唯书的本色。早在 PPP 推广之初，作者就已深刻认识到了 PPP 与供给侧结构性改革的关系，认为 PPP 是供给侧结构性改革的重要内容，具有创新驱动的属性。在财政部 87 号文件出台之前，地方政府热衷于通过政府购买服务的方式进行工程建设的时候，作者已深刻认识到了该行为的违法性与危害性，曾在多个场合指出政府购买服务操作已经背离了政府购买服务的本质，应当予以纠正，财政部 87 号文件的出台充分体现了作者的政策前瞻性。当学界围绕 PPP 争议解决机制争论不休之时，立法工作陷入困顿之际，作者就明确提出 PPP 具备可仲裁性，尤为可贵的是，建议郑州仲裁委员会成立了中国第一家 PPP 仲裁院，并被聘为郑州仲裁委员会政府和社会资本合作仲裁院副院长，提出的将仲裁作为 PPP 纠纷争议解决机制的立法建议体现在国务院法制办起草的《基础设施和公共服务领域政府和社会资本合作条例（征求意见稿)》之中……正是基于对他的了解，我鼓励他将自己的所思所想及时加以整理，最好结集出版，本书便是其多年实践探索和理论思考的结晶。

本书视野开阔、思考深入，体现了理论与实践的高度统一。全书分为理论篇、管理篇、实务篇三个部分，从 PPP 的基础理论、政府部门对 PPP 项目的管理政策、PPP 模式在实务操作中应注意的问题三个维度对 PPP 模式进行剖析，不仅勾画出了 PPP 项目在国家政策的引导下发展、繁荣、逐步走向规范生长的历史进程，而且较为详细地剖析了 PPP 现存的财政与金融风险，并对 PPP 的本质及政策走向作出了准确的预测和解读。

尽管本书在理论体系上谈不上十分严谨，与洋洋洒洒的鸿篇巨制相比，也显得多少有点单薄，但它真实地反映了一个法律实务工作者的思考轨迹。本书的出版对于我们准确理解 PPP 的本质及政策演变，深入了解 PPP 运作的现状，正确把握 PPP 未来的发展方向以及指导 PPP 的规范运作，具有十分重要的意义。故在本书付梓出版之际，本人欣然允诺，为其作序。希望作者能够不忘初心，砥砺前行，为中国的法治建设事业增砖添瓦！

冯 果

武汉大学法学院教授

2018 年 10 月于珞珈山

自　序

党的十八大以来，以习近平同志为核心的党中央作出经济发展进入新常态的重大判断，形成以新发展理念为指导、以供给侧结构性改革为主线、以创新驱动为经济动力的政策框架。习近平总书记在十九大报告中指出"中国特色社会主义进入新时代，我国社会主要矛盾已经转化为人民日益增长的美好生活需要和不平衡不充分的发展之间的矛盾"。在公共服务领域推广 PPP 模式，可以有效解决政府财政压力过大与人民群众对公共产品和服务需求不断增长之间的矛盾，顺应了供给侧结构性改革的调控思路，是主动适应、把握、引领经济发展新常态的生动体现。

自 2014 年国家大力推广 PPP 模式以来，PPP 项目在各地呈现爆发式增长，促使一批转型发展和民生保障项目落地，对改善基础设施和公共服务起了重要作用。然而，PPP 模式也出现了社会资本融资杠杆倍数过高、明股实债、政府变相兜底等问题，积累了一些隐性风险，这与十八大以来防控金融风险的金融改革总基调相悖。

2017 年是我国 PPP 项目逐步走向规范发展的一年，4 月，财政部等六部委下发了《关于进一步规范地方政府举债融资行为的通知》（财预〔2017〕50 号），11 月，财政部、国资委相继印发了《关于规范政府和社会资本合作（PPP）综合信息平台项目库管理的通知》（财办金〔2017〕92 号）、《关于加强中央企业 PPP 业务风险管控的通知》（国资发财管〔2017〕192 号），明确应当规范 PPP 项目运作，遏制地方政府及央企的债务风险，客观上 PPP 开始呈现收紧态势。时至今日，PPP 的关键词依然是"规范"，各地应在规范的基础上剔除不适合 PPP 操作的项目，整改不符合 PPP 操作流程的项目，使 PPP 项目规范健康生长。

笔者是长期从事 PPP 理论研究与实务操作的法律工作者，本书内容全部来源于笔者过去创作的文稿与讲稿。全书分为理论篇、管理篇、实务篇三个部分，从 PPP 的基础理论、政府部门对 PPP 项目的管理政策、PPP 模式在实务操作中应注意的问题三个维度对 PPP 模式进行剖析，反映了笔者在 PPP 项目发展、繁荣、逐步走向规范生长这一历史进程中的思考与见解。

博学而笃志，切问而近思。谨以此言此书献给广大读者，希望抛砖引玉，促进当前防控金融风险背景下 PPP 领域的交流与讨论，推动 PPP 模式在中国的健康规范发展。书中难免有疏漏不足之处，敬请广大读者批评指正！

李贵修

2018 年 10 月

目 录

理论篇

从创新驱动的视角看"政府购买服务"与"政府和社会资本合作（PPP）"

党的十八大以来，以习近平同志为核心的党中央，从认识、适应、把握和引领新常态入手，致力于解决中国经济当前和较长时期内"怎么看""怎么干"的实际问题。2016 年年底，中央经济工作会议首次明确提出并初步确立了适应经济发展新常态的经济政策框架，形成以稳中求进为工作总基调、以新发展理念为指导、以供给侧结构性改革为主线的政策体系。[①]

2017 年 12 月 18 日至 20 日中央经济工作会议在北京举行，首次提出习近平新时代中国特色社会主义经济思想，该思想是习近平新时代中国特色社会主义思想的重要组成部分。习近平同志强调中国经济政策的制定要"观大势"，"大势"就是"新常态"，在新常态下，我国经济发展表现出速度变化、结构优化、动力转换这三个特点，要求我国经济政策应顺势而动，放缓发展速度，进行供给侧结构性改革，将创新作为经济发展的新动力。

所谓创新驱动，就是指将创新作为经济发展的新动力。习近平总书记在中央财经领导小组第七次会议上强调，从发展上看，主导国家发展命运的决定性因素是社会生产力发展和劳动生产率提高，只有不断推进科技创新，不断解放和发展社会生产力，不断提高劳动生产率，才能实现经济社会持续健康发展。

---

① 胡鞍钢、张新："'习近平经济学'的理论创建"，《人民论坛》2017 年 6 月（上）。

在经济进入新常态的大背景下，通过创新促进经济发展已经成为关键因素。中央党校经济学教研部主任赵振华认为，为了使创新促进新常态，在赶超核心技术、强化激励人才、改革体制机制、扩大开放合作这四点中，体制机制是最为重要的。让创新成为一种常态，首先必须要深化体制机制改革，深化收入分配体制改革，使创新能获得更多收益，激励创新的积极性。①

一、政府购买服务模式以及 PPP 模式是经济领域体制机制改革创新的表现

（一）政府购买服务的含义

广义的政府购买服务包括政府和社会资本合作模式（PPP 模式）；狭义的政府购买服务特指依据《国务院办公厅关于政府向社会力量购买服务的指导意见》（国办发〔2013〕96 号）和财政部《政府购买服务管理办法（暂行）》（财综〔2014〕96 号）的规定，通过政府采购程序，向符合提供公共服务条件的社会供应商购买服务的行为。笔者认为，政府购买服务是指通过发挥市场机制作用，把政府直接提供的一部分公共服务事项以及政府履职所需服务事项，按照一定的方式和程序，交由具备条件的社会力量和事业单位承担，并由政府根据合同约定向其支付费用。

（二）政府和社会资本合作的含义

政府和社会资本合作（Public – Private Partnership，PPP）模式是在基础设施及公共服务领域建立的一种长期合作关系。通常模式是由社会资本承担设计、建设、运营、维护基础设施的大部分工作，并通过"使用者付费"及必要的"政府付费"获得合理投资回报，政府部门负责基础设施及公共服务价格和质量监管，以保证公共利益最大化。

（三）政府购买服务模式与 PPP 模式的联系与区别

政府购买服务模式与 PPP 模式的相同点在于：广义上均是政府和社会资

---

① 陈恒、李希然、郭晓丹："'创新'驱动'新常态'"，《光明日报》2014 年 8 月 28 日，第 13 版。

本的合作，均要匹配财政承受能力，均需按照政府采购规定的内容和程序进行采购。

这两种模式的区别在于：PPP 强调风险共担、利益共享，政府购买服务强调基于服务绩效的价款支付；政府在 PPP 项目中的支出责任不得超过当年一般公共预算支出的 10% 。

（四）为什么说政府购买服务模式和 PPP 模式体现了经济领域体制机制的改革创新

政府购买服务及 PPP 模式是经济领域体制机制改革创新的表现，与传统采购模式相比，这两种模式的运用重点不在于解决政府财力不足，而在于其是一种供给侧结构性改革和创新驱动的转变。

其实践价值主要表现在以下几个方面：①能够满足生产力要素特别是资金要素去虚从实的转变，去虚从实就是引导社会资金包括银行资金从虚有经济向实体经济流动；②政府向社会购买服务和 PPP 模式不会是一阵风而是新常态；③能够鼓励新技术、新工艺的应用，从而提高社会生产力发展水平；④符合中央经济工作会议提出的"三去一降一补"的要求，去产能、去库存、去杠杆、降成本、补短板是供给侧结构性改革的五大任务，采用政府购买服务及 PPP 模式可以借助社会资本的力量，共同补好社会的生态短板和脱贫短板。

二、政府购买服务模式存在的问题

政府购买服务是指政府通过政府采购程序将原本由自身承担的公共服务职能转交给社会组织、企事业单位履行，以提高公共服务供给的质量和财政资金的使用效率，改善社会治理结构，满足公众的多元化、个性化需求。在实践过程中往往会存在以下问题。

1. 当成百宝箱，啥都往里装

一些地方政府往往把政府购买服务模式当成规避《中华人民共和国预算

法》（以下简称《预算法》）、《国务院关于加强地方政府性债务管理的意见》（国发〔2014〕43号）的法宝，违背了地方政府要举明债、不举暗债，所有负债必须进入预算管理，负债只能通过省级以上人民政府发行债券进行举债的强制性法律规定。比如，全资设立国有融资平台，向银行或社会负债，政府与融资平台公司签订购买服务协议，美其名曰政府向社会购买服务，本质上仍是政府负债。但这个融资平台根本提供不了政府需要购买的服务，也承担不了社会债的清偿责任，本质上就是政府的一种隐性负债，极易形成地方债风险。

2. 不依法进行

笔者在实践中遇到过以下几种情形：①政府会议纪要代替政府采购。比如某地一个河道治理项目，在招标时并未走正规采购程序，仅仅通过会议纪要的形式即确定社会资本方；②采用不适当的方式进行采购；③服务供应商不具备资质；④不法社会资本方存在转包牟利行为；⑤利用城投平台隐性负债，违背预算法负明债、不负暗债的原则，规避物有所值评价和财政承受能力论证；⑥购买服务项目不在政府向社会购买服务目录之内，有的地方政府置《政府购买服务管理办法》于不顾，将服务领域擅自扩大至工程建设领域。

3. 没有绩效考核，出现兜底和固定收益，缺乏激励机制

政府购买服务模式没有设置绩效考核办法，对社会资本方缺乏激励机制，不易保证服务质量。

三、正确认识 PPP 模式

（一）对 PPP 模式的认识误区

1. PPP 程序复杂，操作麻烦

按照财政部印发的《政府和社会资本合作模式操作指南（试行）》，PPP 项目操作流程包括 5 个阶段 19 个节点。一些地方和部门认为这些流程过于复杂，操作起来比较麻烦，甚至认为可能会影响到项目的推进速度。事实上，

一方面，前述操作流程并不都是实行 PPP 模式新增加的流程，采用传统建设模式也需要经过项目可行性研究论证、项目招投标、合同签署、工程审计、款项支付等诸多环节；另一方面，该指南规定的 5 个阶段 19 个节点是对于项目全生命周期管理而言的。另外，在完成项目政府采购程序后，一个 PPP 项目就可以认定为已经基本落地，而后期的项目执行和项目移交是在整个项目生命周期内的若干年（一般 10 年以上）来完成的。因此，PPP 工作不存在过于烦琐的问题。

2. 把 PPP 模式与项目建设混为一谈

实际上，PPP 只是提供了项目建设的一种运作模式，它可以相对独立于项目建设之外先行推进。比如，如果 PPP 实施方案已经将项目运作方式、交易结构、风险分配、回报机制等核心指标确定下来，那么即使建设项目由于规划设计调整需要相应调整投资额度以及建设标准，也不需要等到项目的规划设计调整完成后再来推进 PPP 工作，不妨碍继续开展社会资本采购，签订 PPP 合同，实现项目尽快落地。

3. 认为 PPP 融资成本比传统模式低

一些地方和部门认为，当前整体融资环境比较宽松，通过传统建设模式融资成本比较低，因而不需要采取 PPP 模式。

事实上，为实现稳增长目标，国家有关部门在投资拉动方面实行了相对宽松的融资政策，对地方基础设施建设投资给予了比较优惠的融资利率。但在国家实施稳健货币政策的大背景下，这种宽松的融资环境是不可持续的，特别是《国务院关于加强地方政府性债务管理的意见》（国发〔2014〕43号）明确规定：剥离融资平台公司政府融资职能，融资平台公司不得新增政府债务。因此，从政策角度看，通过传统模式融资进行项目建设今后将难以实现。反观 PPP 模式，可以将项目建设施工利润摊薄到项目全生命周期，使得社会资本可以接受相对较低的回报率，从而降低政府融资成本，这是传统融资方式不可能达到的效果。

4. 采用 PPP 模式容易加大地方政府债务负担

事实上，PPP 项目政府支付责任并不等同于政府债务。PPP 项目公司将基于所提供公共服务的绩效获得政府相应付费或补贴，政府的支付责任并不是固定或必然的。PPP 项目中政府支付责任虽不是债务，但具有严格的法律约束效力，《政府和社会资本合作项目财政管理暂行办法》（财金〔2016〕92号）中明确规定，PPP 项目中政府跨年度财政支出责任需纳入中期财政规划，且纳入预算管理，经同级人民代表大会审查和批准后具有法律效力。一系列严格的制度约束使得 PPP 模式并不会随意加大地方债务负担。

（二）PPP 模式的优势

（1）有利于转变政府职能，提高行政效率。在 PPP 模式下，将项目的建设、运营等市场机制更有效率的工作交给社会资本方负责，政府主要负责规划和监管等工作。这样一来，一方面，政府的角色从原来的项目提供者转变为参与者和监督者，从而推动政府职能转变；另一方面，在政府更好发挥作用的同时，使得市场在资源配置中起到决定性作用，能够优化资源配置。

（2）以较少的资金撬动巨大的社会资金。在经济增长速度放缓的新常态下，在政府有限的财力背景下，采用 PPP 模式能够满足人民群众和社会对基础设施和公共服务增长的需求。

（3）提高财政资金运行效力，鼓励技术进步和生产力发展。

（4）吸引社会资金进入基础设施和公共服务领域，防止和有效避免社会资金在虚拟经济领域兴风作浪，也可以有效避免美国"剪羊毛"① 情况的发生。

（5）减少地方债总额，优化报表。

综上，在经济增长速度放缓，但基础设施和公共服务的增长不能放缓的情况下，在地方政府的财力有限、逐步规范地方政府举债行为的大环境下，在国家筹备出台 PPP 实施条例，从法律层面上保证 PPP 项目实施的情况下，采用 PPP 模式是经济领域体制机制改革创新的必然选择。

---

① 剪羊毛：是经济学的一个专用术语，意思是利用经济繁荣和衰退的过程所创造出的机会，以正常价格的几分之一拥有他人的财产。

城市基础设施和公共服务领域融资政策解读

融资即是一个企业或地方政府资金筹集的行为和过程。城市建设及公共服务融资常用的手段有财政拨款、争取上级财政拨款、金融机构借款、发行地方债、利用政府融资平台举债、发行政府引导产业基金、融资租赁、资产证券化以及运用建设—移交模式（BT）、政府购买服务、PPP 等模式，所涉及的法律和政策非常多，是个很大的命题。本文中，笔者将以政府购买服务、政府和社会资本合作（PPP）、政府融资平台为例，对国家的融资政策进行重点解读。

一、政府购买服务

（一）政府购买服务的概念及法律依据

政府购买服务有广义的政府购买服务和狭义的政府购买服务之分。广义的政府购买服务包括 PPP 模式，狭义的政府购买服务特指依据国务院《关于政府向社会力量购买服务的指导意见》（国办发〔2013〕96 号）和财政部《政府购买服务管理办法（暂行）》（财综〔2014〕96 号）的规定通过政府采购程序向符合公共服务提供条件的社会供应商购买服务向社会提供的行为，产生的背景是机关事业单位和社会团体改革。2014 年《预算法》修改颁布，自 2015 年 1 月 1 日起实施。因为《预算法》规定地方政府所有的收入、支出包括负债在内要全部纳入预算，所以过去地方政府在城市建设和公共服务方面广泛采用的 BT 模式被叫停，转而用政府购买服务取代。政府购买服务方式在地方政府基础设施和公共服务领域得到了广泛的运用。

（二）政府购买服务应该遵循的政策边界和走向

2017 年 5 月 28 日，财政部印发《关于坚决制止地方以政府购买服务名义违法违规融资的通知》（财预〔2017〕87 号，本文下称财政部 87 号文），紧急叫停了政府购买服务在城市基础设施建设方面的运用。把地方政府以购买服务的名义进行城市基础设施建设的行为界定为违规举债，使许多地方政府措手不及，非常被动。为什么大家都在广泛运用的政府购买服务一夜之间就成了违规举债呢？这是因为过去政府购买服务的运用违背了政府购买服务的本质和基本特征，具体说来，有以下几点：①扩大适用范围。政府购买服务属于政府采购的一种，政府采购包括购买工程、货物、服务三大类。政府购买服务必须严格限定在服务类的政府采购，而不能扩展到工程和货物，也就是我们所说的广义的政府购买服务，过去我们将其扩展到工程类是错误的。②固化政府支出。政府购买服务是一种优化政府行政职能、提高服务效率和财政资金使用效率的创新驱动模式，政府在其中不能兜底固定回报，要进行绩效考核。③超越目录或曲解目录。④没有预算采购。⑤以会议纪要等形式代替政府采购。⑥以没有和政府融资功能分离的政府融资平台托盘，政府债务"左手"倒"右手"，形成地方债风险。⑦违背《预算法》规定，举债没有列入地方债总额管理，形成无序举债，造成地方债失控和金融风险。

财政部 87 号文重点在于纠正对政府购买服务的错误认识和错误操作，并不是否定政府购买服务本身。政府购买服务必须规范运行，严格限定在服务类，对过去形成的假借政府购买服务名义进行的工程和货物采购，因为其本身违背了《中华人民共和国政府采购法》（以下简称《政府采购法》）《预算法》《国务院关于加强地方政府性债务管理的意见》《国务院办公厅关于政府向社会力量购买服务的指导意见》等法律法规的规定，是违规行为。按照财政部 87 号文属于限期整改的内容。《河南省人民政府办公厅关于进一步规范政府举债融资行为的通知》要求："对所有涉及政府购买服务的制度、文件、会议纪要、合同、协议等进行逐条审核，凡不符合政府性债务管理制度规定的，要加强与社会资本方的平等协商，依法修订完善，分类妥善处置，全面改正政府不规范的融资担保行为。"

因此，政府购买服务当然可以继续推行，但应对过去政府购买服务中，形成的如下问题进行重点清理：①用会议纪要代替政府采购程序进行政府购买服务的；②将货物和工程类当作服务进行政府采购的；③承诺固定回报、兜底收益、定期回购的；④超出 3 年以上期限的；⑤没有预算的；⑥政府购买服务所形成的负债没有列入预算的；等等。

2018 年 2 月 23 日，《湖南省财政厅关于实施 PPP 和政府购买服务实施负面清单管理的通知》（湘财债管〔2018〕7 号），对 PPP 和政府购买服务实行负面清单管理。该通知明确政府购买服务必须坚持先有预算，后有购买的原则，严禁各级政府及其部门利用或虚构政府购买服务合同违法违规融资，严禁就政府购买服务事项以担保函、承诺函、安慰函等任何形式提供融资担保。下列七种事项不得采用政府购买服务：①对于不属于政府职能，财政没有安排预算的；②应由政府直接提供、不适合社会力量承担的，如行政决策、行政执法、行政监督等行政管理性事项；③原材料、燃料、设备、产品等货物；④建筑物和构筑物的新建、改建、扩建及其相关的装修、拆除、修缮等建设工程（党中央、国务院统一部署的棚户区改造、易地扶贫搬迁工作中涉及的政府购买服务事项按照相关规定执行）；⑤农村综合服务平台、铁路、市政道路建设、公路建设、机场、通信、水、电、煤气，以及教育、科技、医疗卫生、文化、体育等领域的基础设施建设；⑥储备土地前期开发、农田水利等建设工程；⑦将建设工程与服务打包的项目。

（三）通过政府购买服务形成的地方政府隐性债务的化解办法

很多地方政府通过对该类项目进行 PPP 改造来化解地方政府隐性债务。首先，终止政府购买服务合同的履行；其次，对通过政府购买服务形成的资产进行 PPP 改造，通过 TOT、"TOT + BOT" 等模式找到新的融资通道。

二、政府和社会资本合作（PPP）

（一）PPP 在城市建设和公共服务融资中的重要作用

政府和社会资本合作的真实含义是将由政府控制的基础设施和公共服务领域通过 PPP 的模式有条件地向社会资本开放，使政府作为公共产品的单一提供者改变为由政府和社会资本多元化向社会提供。本质上是基础设施和公共服务的一种创新模式。所以，从这个角度讲，PPP 并不是城市建设和公共服务的一种融资模式。之所以在这里要讲 PPP，是因为 PPP 解决了城市建设融资难的问题，因为它是一种不需要政府融资就能进行城市建设和提供公共服务的模式。

党的十八大提出中国经济新常态和供给侧结构性改革的概念，经济新常态的正确含义就是经济增速放缓，供给侧结构性改革的重点是补短板。应当明确的是，经济增速放缓，但对基础设施、公共服务的提供不能放缓，因为人民群众和社会对基础设施、公共服务的需求是不断增长的。基础设施落后、公共服务不匹配是我国经济的重要短板，是供给侧结构性改革补短板的重要内容。PPP 模式是地方政府在经济增速放缓的新常态下，满足人民群众日益增长的对基础设施、公共服务需求的重要手段。

过去我们传统的城市基础设施建设和公共服务是由政府单一主体进行提供。政府提供的方法就是动用财政资金或负债（包括直接负债、间接负债；显性负债、隐性负债等，如 BT），提供的速度和范围是有限的。现在引进 PPP，让广泛的社会资本投入基础设施和公共服务中，提供的速度和范围是不可估量的。同时，通过 PPP 模式，将社会资本投到公共设施和公共服务上，并且固化流动性，也可以有效地降低通货膨胀，引导生产力的重要要素——资金要素向实体经济转变，改变资金在虚有经济、股市、房市中的流动，实现从虚有经济向实体经济的转变。

所以，PPP 是供给侧结构性改革的重要内容，是创新驱动的重要抓手。符合中国经济发展的客观要求，是国家的宏观战略。PPP 会坚定不移地走下去，而且会越来越好。

（二）国家对 PPP 的最新政策——PPP 的现状和走向

从 2014 年以来，财政部、国家发展改革委陆续出台了一系列与 PPP 相关的政策和指导意见，助推了 PPP 在我国的迅猛发展。2017 年国务院又启动了 PPP 立法计划，着手制定 PPP 实施条例。2017 年 3 月，国务院在对河南省和重庆市等地调研以后，于当年 7 月 21 日出台了《基础设施和公共服务领域政府和社会资本合作条例（征求意见稿）》（本文下称《条例（征求意见稿）》），对 PPP 提供顶层制度保障，《条例（征求意见稿）》第 4 条明确了国家对 PPP 项目的鼓励原则。但非常遗憾的是，至今 PPP 条例也没有正式出台。

谈到 PPP 的现状和走向，我们需回顾梳理一下自 2017 年 5 月起国家密集出台的几个文件和几次重要会议。行业内总的判断是 PPP 从"百花齐放"已经转变到"规范运作"，总体是收紧了。PPP 已经逐步进入规范运营阶段。

（1）2017 年 5 月 3 日，为进一步规范地方政府融资行为，财政部等六部委联合印发了《关于进一步规范地方政府举债融资行为的通知》（财预〔2017〕50 号，本文下称 50 号文），依法依规对 PPP、政府投资基金等政府与社会资本方各类合作行为提出明确要求。其中提到严禁利用 PPP 违规举债，并列举了通过 PPP 违规举债的几种情形。比如：①对 PPP 社会资本投资明股实债的；②对社会资本承诺兜底回报、回购、兜底收益的；③对社会资本方的投资，政府用各种形式变相担保的；④将政府的出资责任以各种形式转移到政府融资平台的，等等。财政部等六部委在 50 号文中，对 PPP 的操作存在的变相举债行为明确列出了负面清单，严格予以禁止。

（2）2017 年 7 月 14—15 日，全国金融工作会议在北京召开，习近平主席强调，金融是国家重要的核心竞争力，金融安全是国家安全的重要组成部分，金融制度是经济社会发展中重要的基础性制度，必须加强党对金融工作的领导。

（3）2017 年 11 月 1—2 日，"2017 第三届中国 PPP 融资论坛"在上海国际会议中心召开，本届论坛的主题是"新理念、新思想、新动能，打造 PPP 合作命运共同体"。这是党的十九大后由财政部和社会资本合作中心、上海金融业联合会共同举办的 PPP 盛会，释放了 PPP 新的发展信号。

（4）2017 年 11 月 10 日，财政部办公厅发布了《关于规范政府和社会资本合作（PPP）综合信息平台项目库管理的通知》（财办金〔2017〕92 号，本文下称 92 号文），对财政部政府和社会资本合作（PPP）综合信息平台项目库管理提出了新的要求，制定了严格的 PPP 入库条件，引导今后 PPP 的规范运作。92 号文实质上是以 PPP 综合信息平台项目库的管理为抓手，通过设定入库和清退出库的标准进一步明确规范 PPP 的边界红线，以进一步规范 PPP 的发展，确保 PPP 可持续发展。细研这个文件的政策方向，总体上看并不是要对 PPP 的发展叫停，主要目的是进一步规范以保持其可持续性发展。此次发文，被业内称为"史上最严"的文件出台，主要从"存量"和"新增"两个角度对 PPP 项目库内或即将入库的项目提出规范性的要求。

（5）2017 年 11 月 21 日，国资委印发《关于加强中央企业 PPP 业务风险管控的通知》（国资发财管〔2017〕192 号，本文下称 192 号文），这意味着在政府和社会资本合作（PPP）模式近期被严格规范后，国资委开始要求央企管控 PPP 风险。192 号文强调对央企参与 PPP 业务加强风险管控，提出八项规定、八项禁止。

（6）河南省财政厅分别于 2017 年 12 月 25 日与 2018 年 1 月 3 日印发了《河南省财政厅关于印发〈河南省财政厅 PPP 项目库入库指南〉的通知》和《河南省财政厅关于印发〈河南省 PPP 项目库清理规范工作方案〉的通知》。

（7）北京、江苏、四川、福建等多省市积极出台政策规范。2018 年 2 月 23 日，湖南省财政厅发文《湖南省财政厅关于实施 PPP 和政府购买服务实施负面清单管理的通知》（湘财债管〔2018〕7 号），对 PPP 和政府购买服务实行负面清单管理。明确以下五种情形不得运用 PPP 模式：①不属于公共服务领域；②因涉及国家安全或重大公共利益不适宜；③仅涉及工程建设而无实际运营内容、无现金流，完全由政府付费的，如市政道路建设、公路建设、广场、绿化（风光）带等工程建设；④采用建设移交（BT）方式实施的；⑤政府方回购社会资本承诺固定收益的。该文件使得湖南省各级地方政府就 PPP 工作的后续开展，在政策和执行层面上，更加具备可操作性，同时对其他地区的相关政策的制定也有很强的示范和借鉴意义。

上述负面清单公布后，引起社会强烈反响，有部分网友过度解读、非常紧张。这不仅仅是因为在当前各地实施的纯政府付费类的 PPP 项目数量较多，同时也因为当前在政策和市场层面大家的理解和认识存在多样性与不确定性。笔者认为，上述文件仅仅是基于中央文件规定并结合当地实际所作出的重申和细化。该负面清单内容均可在财金〔2017〕92 号文和财预〔2017〕87 号文中找到，个别清单条款范围甚至较 92 号文范围更小。

三、政府融资平台融资

关于政府融资平台融资，现在最流行的一句话是：城投生于 1992，卒于2018。① 为什么这样讲呢？

该说法起源于《国家发展改革委办公厅 财政部办公厅关于进一步增强企业债券服务实体经济能力严格防范地方债务风险的通知》（发改办财金〔2018〕194 号，本文下称 194 号文）。这个文件严格规定了企业发债条件，特别是对国有融资平台发债作出了严格的规定，对政府融资平台的走向及其融资将产生重大影响，主要内容有如下几方面。

（1）发债企业资产范围。严禁将公立学校、公立医院、公共文化设施、公园、公共广场、机关事业单位办公楼、市政道路、非收费桥梁、非经营性水利设施、非收费管网设施等公益性资产及储备土地使用权计入申报企业资产。

（2）发债企业主体资格。严禁党政机关公务人员未经批准在企业兼职（任职）。相关企业申报债券时应主动公开声明不承担政府融资职能，发行本期债券不涉及新增地方政府债务。

（3）发债项目。纯公益性项目不得作为募投项目申报企业债券。规范以政府和社会资本合作（PPP）项目发行债券融资，严禁采用 PPP 模式违法违规或变相举债融资。

（4）防范债务风险。严禁申报企业以各种名义要求或接受地方政府及其

---

① 扫雷小组小组长："城投：生于 1992，卒于 2018！"，详见 https://xueqiu.com/7146690074/102810064。

所属部门为其市场化融资行为提供担保或承担偿债责任。坚决杜绝脱离当地财力可能进行财政资金支持。

（5）从严查处问责。对经有关部门认定为因涉地方政府违法违规融资和担保活动的申报企业、承销机构、会计师事务所、律师事务所、信用评级机构等主体及其主要负责人，加大惩处问责力度，纳入相关领域黑名单和全国信用信息共享平台归集共享，实施跨部门联合惩戒，及时公开通报，并限制相关责任主体新申报或推荐申报企业债券。

（一）政府融资平台的诞生和发展

1. 第一个融资平台

1992 年，时值邓小平南巡讲话以及中共十四大确立建立社会主义市场经济制度。黄浦江畔，中国第一个国家级新区设立。然而，如何解决城建资金严重短缺的矛盾，困扰着浦东新区及上海市政府。是年 7 月，上海市城市建设投资开发总公司（以下称上海开发）在浦东新区成立。该公司获得上海市政府的授权，主要从事城市基础设施投资、建设和运营工作。彼时，公司甚至直言"要当好市政府城市建设的好'账房'"。上海开发也被认为是第一家城投公司。上海开发于 1993 年筹资 73.9 亿元，约占当年财政收入的三成，有效地缓解了建设资金压力。

2.《预算法》要求地方政府不列赤字激发了全国地方政府融资平台的陆续设立

差不多与此同时《预算法》要求地方政府不列赤字，也就禁止了地方政府举债。于是各地纷纷效仿上海的做法，城投公司在全国各地陆续成立。从 2002 年开始，重庆牵头整合各类分散的政府资源，在此基础上组建了重庆城投公司、高发公司、高投公司、地产集团、建投公司、开投公司、水务控股和水投公司，创造了赫赫有名的重庆"八大投"模式。"八大投"很重要的资金来源跟土地财政有关。土地及其增值潜力，是地方政府和融资平台手中最重要的筹码。重庆从 2002 年开始，十余年间储备了 50 万亩土地。这些土地储备一方面为重庆债务化解提供了利器，另一方面则稳定了地价、房价。

3. 城投在全国范围内的扩张

为应对国际金融危机，中央政府在 2009 年推出"四万亿经济"刺激计划，同时实施积极的财政政策和宽松的货币政策。央行和银监会 2009 年 3 月下发的文件指出，支持有条件的地方政府组建投融资平台。有了这一把"尚方宝剑"后，地方投融资平台的数量激增。据相关统计数据显示，2008 年年末全国融资平台数量只有 3000 多家，而 2009 年年末增加至 8000 多家，一年间增加 1.66 倍。央行的调研报告显示，2010 年年末地方政府融资平台进一步增加至 1 万余家。

融资平台贷款更是飞速扩张。2008 年年末融资平台贷款余额仅为 1.7 万亿元，2009 年年末蹿升至 7.38 万亿元，到了 2010 年年末则高达 9.09 万亿元。此时，国家对融资平台违约的担心与日俱增。

（二）政府融资平台的融资模式

1. 起初和国家开发银行（下称国开行）良好合作，国开行成就了城投，城投发展了国开行

国家开发银行与城投公司的合作可以追溯到 1998 年的亚洲金融危机。东南亚金融危机期间，国开行力推通过以提供"软贷款"为核心、以地方财政为还款保证、以"打捆贷款"为特征的投融资模式，极大地发展了自身业务。

2. 合作模式

（1）"打捆贷款"：是指在银政合作框架下，地方政府将肥瘦不一的基建项目打包成一个整体项目，再向银行贷款。

（2）芜湖模式：上级平台将部分资金转贷下级平台，由此也催生了一些市县级融资平台。

3. 辉煌成就

据统计，从 1998 年到 2008 年，国开行对政府融资平台大约累计发放贷款 1.4 万亿元。而在 10 年的时间里，国开行的坏账率由高于 40% 降至不足 1%。这一不良率在中国主要银行中是最低的。最新的数据显示，截至 2017 年年末，国开行不良率已连续 51 个季度控制在 1% 以下。在 2008 年再次帮助中国平稳度过了金融危机。2014 年年末，国开行资产首度超过 10 万亿元，

资产规模直逼四大行。国开行因此也被一些研究者称为中国的"超级银行",也有研究者称其为"财政二部"。在"四万亿"经济刺激计划之后,商业银行纷纷进入国开行主导的政府投资领域,国开行的市场份额减小。

4. 2015 年后进入"后43 号文时代"

进入"后43 号文时代"① 后,国开行支持基建的新方式主要有两类:

一是新增专项建设基金。在专项建设基金投放过程中,国开行要求当地融资平台按约定回购股权,但这可能涉及增加政府性债务。

二是继续通过打捆贷款的方式向地方投放棚改、扶贫等政策贷款,这类贷款为政策所鼓励。国开行年报显示,2015 年年末,国开行棚户区改造贷款余额为1.35 万亿元,占比为14.68%;2016 年二者分别上升至2.25 万亿元、占比为21.87%,成为国开行贷款余额占比最大的一类。这种方式实际上还是早期"芜湖模式"的延续。芜湖模式与重庆"八大投"模式的本质是相同的,即创造出一套利用未来的土地价值撬动当前银行贷款的机制。地方政府向银行借款用于基础设施建设,基础设施的建设会带来地价和房价的上涨,涨价以后的土地出让收入用于偿还银行贷款。

5. 地产信仰以及城投信仰

过去 20 年间,这一模式可以概括为地产信仰以及城投信仰。其中前者来自房价上涨,后者则来自政府兜底。两个部门也成为理财等资管产品的主要投向,一定程度上成就了刚性兑付。

"刚性兑付"和"隐性担保"的市场预期正在改变,这为我们防控金融风险创造了重要的心理条件。

(三) 政府融资平台的是非功过

1. 政府融资平台的作用

政府融资平台主要有以下两方面的作用:①为地方经济和社会发展筹集

---

① "43 号文"指《国务院关于加强地方政府性债务管理的意见》(国发〔2014〕43 号)。"后43 号文时代"指从 2016 年 11 月国务院办公厅发布《地方政府性债务风险应急处置预案》(国办函〔2016〕88 号)开始持续至今。此阶段监管延续了 43 号文精神,但具体政策更具针对性和可执行性,同时强调了联合监管。

资金；②在加强基础设施建设以及应对国际金融危机冲击中发挥了积极作用。

一些研究者还指出了政府融资平台有以下四个方面的积极作用：①应对外生性冲击，力保国民经济平稳发展；②加快基础设施建设供给，均衡成本在代际分布；③创新投融资体制，推进公共服务均等化；④推进城镇化建设，优化投资环境。

2. 政府融资平台存在的问题和风险

在飞速扩张后，国家对政府融资平台及地方政府债务风险的担忧与日俱增，地方债成为重要的"灰犀牛"之一。财政部官员甚至直言，担心地方债问题被过度放大，成为做空中国经济的一项工具。综合来看，对融资平台的指责主要有：①债务风险。全国人大的调研数据显示，截至 2014 年年末地方债余额为 15.4 万亿元，其中融资平台举债 6 万亿元，占比达 39%。如果计入未纳入政府债务的部分，融资平台举债规模将倍增，但自身造血能力较弱。②推高企业部门杠杆。地方政府通过各种融资平台借款，形成了较多的债务，这在统计上体现为企业部门债务，导致企业部门债务高估。③扰乱金融市场。融资平台对利率不敏感，20% 甚至 30% 利率也敢借入资金，对民营部门形成挤出，由此也衍生出货币政策传导不畅等缺点。④政企不分。部分融资平台负责人由政府官员兼任，先天性的政企不分导致融资平台公司治理薄弱，腐败时有发生。当然，以上问题并非相互独立，而可能是相伴而生的。

回头来看，2009 年地方融资平台贷款余额大幅扩张。2010 年监管层控制平台贷款后，以信托为代表的影子银行向融资平台"输血"。2015 年后，地方政府融资转向政府购买服务和 PPP。7 年间，虽然监管层对融资平台的监管日趋严格，但地方政府融资仍经过三轮不同形式的扩张，并且方式更加隐蔽。这也显示出地方政府债务问题处理的复杂性及艰巨性。

3. 政府融资平台的转型

（1）转型势在必行。无论是非功过，还是心酸无奈，融资平台已经进入"后 43 号文时代"。其基本标志是，新《预算法》和 43 号文构建了新时期地方政府举债融资的框架。一方面允许地方政府发债融资及引入 PPP，另一方面剥离融资平台的融资功能。从 2015 年开始，虽然融资平台融资松紧程度时有波动，但整体沿着这两个方向进行。监管层还在 2017 年首开违规举债处罚的先河，对地方债监管空前严厉。

梳理来看，2017 年以来的监管路线沿着剥离融资平台政府信用的方向延展，融资平台定位为一般国有企业。按照规划，非政府债券形式存量政府债务 1.72 万亿元将于 2018 年上半年置换完毕。届时，融资平台和政府将实现账目分离。按照 194 号文的规定"严禁党政机关公务人员未经批准在企业（城投）兼职（任职）"，人事分离也将实现。融资平台政府信用渐行渐远，转型则迫在眉睫。2017 年 6 月，创造"八大投"的重庆印发文件称，要清理并加快推进融资平台公司转型。越来越多的省份正在加入其中。湖南省在 2018 年 2 月印发文件称，将按照注销一批、整合一批、转型一批的方式清理整顿融资平台。全国层面的融资平台方案也已在起草并征求意见。

（2）转型的方式。

①撤销。从地方样本来看，只承担公益性项目融资任务，且主要依靠财政性资金偿还债务的"空壳类"融资平台公司，将被撤销。深谙政府投融资的黄奇帆说，（融资平台）一般一个直辖市搞一到三个就够了，副省级的省会城市或者单列市，搞一两个就够了。到了地级市，一般只要搞一个。到了区县一级也许也需要，但一个地方就搞一个。如果按此计算，全国所需要的融资平台数量为 3000 余个。1.17 万个（2017 年年末银监会数据）融资平台至少将被清理关闭 6000 余个。

②转型。再看上海开发。该公司已在 2014 年更名为上海城投（集团）有限公司，目前注册资本达到 500 亿元。财务报表显示，2016 年年末资产规模逾 5000 亿元，营业收入达 239 亿元。分拆收入来看，2016 年上海城投水务、环境、置业（保障房）、路桥四个板块收入占比分别为 39.50%、22.04%、29.93%、8.53%。剔除对政府较为依赖的置业板块，其他三大板块收入占比也达到七成，自身造血能力不错。上海城投总经理孔庆伟谈到转型时说，"首要的是'分'：分业经营，强调专业化；分类指导，强调公司化。政府项目、公用事业和经营性产业混在一起，是搞不好的"。这或许可以为融资平台转型提供借鉴。

现在的转型时机有利有弊。一方面，PPP、专项债将压缩融资平台经营性项目的空间。另一方面，经过置换，融资平台 6 万亿元债务已经转移至财政，资产负债表重整，债务负担减轻。2014 年年末财政部对地方债务进行清理甄别，最终将政府债务规模定格为 15.4 万亿元。这意味着中央对此前融资平台举借的债务认账，也意味着未纳入的债务财政不再兜底。彼时，政府债务 90% 是通过非政府债券方式举借。经过 3 年的置换后，非政府债券形式存量政府债余额为 1.72 万亿元（2017 年年末数据），占比降至 10%。剩余部分债务置换预计于 2018 年上半年完成。届时，上海城投的政府债务将转移至财政，财政与上海城投再无关系。

近期，监管部门多次重申，金融机构应将融资平台公司视同一般国企，根据项目情况而不是政府信用独立开展风险评估。2018 年 2 月初，国家发展改革委、财政部联合发文称，严禁党政机关公务人员未经批准在企业（城投）兼职（任职），信用评级机构应当基于企业财务和项目信息等开展评级工作……虽然上述操作并不容易，但是越来越多的信息、监管趋势显示，城投与政府信用的剥离并非空话。换句话说，如若城投违约，无论是在法律上，还是在形式上，金融机构完全追溯不到地方政府的偿债责任。

也是在 2018 年 2 月初，湖南省下发文件称，将按照注销一批、整合一批、转型一批的方式清理整顿融资平台。因为有自身造血能力的平台并不多，诸多平台大多逃不出被关闭的命运。而整合、转型之后的这些平台与一般国企并无异处，1992 年诞生的融资平台将于 2018 年走进历史。一位财税专家曾开玩笑似地说，43 号文是一份规范政府性债务的文件，但此后再无政府性债务，只有政府债务。规范融资平台的文件也类似，将来印发后再无融资平台，只有国企。

综上，我们应牢记 43 号文对政府性债务管理的原则：明确政府和企业的责任，政府债务不得通过企业举借，企业债务不得推给政府偿还，切实做到谁借谁还、风险自担；应明确城市建设和公共服务融资须遵循的理念：完成供给侧结构性改革补短板任务是城市建设和公共服务融资的任务；创新驱动是城市建设和公共服务融资的重要手段；不发生地方性政府债务风险和系统性金融风险是城市建设和公共服务融资的红线。

PPP 立法需要重点解决的问题

2017 年年初，为推进 PPP 立法，国务院派调研组到重庆、河南等地进行实地调研。2017 年 3 月 27 日，笔者有幸参加了国务院法制办在郑州召开的"国务院 PPP 立法调研现场会"，并在会上做了题为"PPP 立法需要重点解决的问题"的主题发言，在 2017 年 7 月 21 日国务院法制办出台的《基础设施和公共服务领域政府和社会资本合作条例（征求意见稿）》中，笔者的多条立法建议被采纳。笔者认为，PPP 立法需要重点解决如下一些问题。

（1）明确 PPP 的定义、性质、适用范围。PPP 既有基础设施和公共服务的强烈公共属性，又运用民间资本进行建设运营，具有民间资本属性，是一种特殊的项目。现有 PPP 项目的运行均是比照政府投资项目进行运营管理，不符合 PPP 项目的本质属性。应当把 PPP 项目界定为由政府主导的、具有强烈公共属性、以社会资本为投资主体的政府和社会资本合作项目，单独制定 PPP 项目的立项、运营程序、监管办法，这样才能保证 PPP 项目的运行不违背公共属性，促进其灵活健康发展。

PPP 模式是一种创新模式，中央大力推广 PPP 模式是创新驱动的一种重要经济手段，由于 PPP 项目的实施时间不长，很多仍在探索和认识之中，所以对于 PPP 适用范围适合原则性规定，不适合对具体范围和项目作出规定，PPP 项目的适用范围应界定在：①公共性项目；②投资金额大，一般在 1 亿元以上（根据各地区的情况可以灵活规定）；③投资周期长，10 年以上、30 年以下；④有合理且稳定的回报、稳定的现金流等。

（2）理顺 PPP 管理体制，解决法律冲突问题。现有 PPP 管理体制，国务院层面缺少一个主导部门，以目前河南省 PPP 运行经验来看，由财政部门主导效果较好，而且考虑 PPP 项目主要解决投融资体制问题，所以建议规定由财政部门作为 PPP 项目的主导机关。

目前 PPP 立法主要有财政部和国家发展改革委牵头出台的规章和规范性文件，由于两个部门的管理权限、职责范围不同，所以两个部门从不同的角度对 PPP 的实施作出了相关规定，又由于基础设施和公共服务不能截然分开，所以两部门规定不可避免地产生了重叠和冲突，这就导致基层对法律的适用产生困惑，甚至无所适从。许多由财政主导的 PPP 项目，在发展改革委审批程序上出现障碍，由发展改革委牵头的项目在财政上出现障碍，比如，有些项目依据财政部的规定不能实施，但是通过发展改革委程序完全符合规定，这在中国同一法制体系内是不可以出现的。所以本次立法应当理顺 PPP 管理体制，包括对中央和地方主管部门的管理体制。

（3）规定明确的 PPP 项目实施机构。比如财政部规定国家行政机构和事业单位可以作为 PPP 项目实施主体，没有规定国有企业可以作为实施主体，但国家发展改革委规定国有企业在某些情形下也可以作为 PPP 项目实施主体，这次立法要解决两个规定不统一的问题。

（4）解决 PPP 所涉及的部门规章、规范性法律文件上位法依据不足的问题。比如财政部《政府和社会资本合作项目财政管理暂行办法》（财金〔2016〕92 号，本文下称财政部 92 号文），规定了社会投资方和建设方可以"两标合一标"的问题，依据的是《招标投标法实施条例》，对《招标投标法实施条例》的该条内容进行了扩张性规定，从立法上讲依据不足。再如 PPP 项目用地和社会资本方"两标合一标"的问题，依据的是国土资源部和财政部等相关部门的规范性法律文件，缺乏上位法依据。又如 PPP 项目的采购模式，竞争性磋商是财政部规定的一种方式，与《政府采购法》和《采购法实施条例》的规定不一致，缺乏上位法依据。这些规定对 PPP 项目建设的顺利推进是必要的，建议这次在条例中进行规定，解决上位法不足的问题。

（5）PPP 的税收问题。因为对 PPP 项目性质的界定不明确，所以在 PPP

税收征管、申报、PPP 项目财税设计中，存在许多困惑，应当予以明确。建议在本次立法中，国务院授权国家税务局、财政部对 PPP 项目纳税问题予以明确，对 PPP 项目制定优惠的、严格的税收政策和程序，解决 PPP 税赋过重、税赋不明确等问题。

（6）总结 PPP 实践应用的法律成果（经验和教训），把部门规章、规范性文件中涉及规范 PPP 行为、促进 PPP 发展的规定上升到行政法规层面。

（7）规范 PPP 运行，对 PPP 所涉及的项目识别、准备、实施等程序，根据实践经验进行总结、简化、优化、补充，设置完整、必备的操作程序。

（8）规范 PPP 项目咨询机构。对 PPP 项目咨询机构（包括律师事务所、会计师事务所等其他咨询机构），授权国务院部委（如财政部、国家发展改革委），对 PPP 咨询机构、投资机构、政府 PPP 管理机构、金融机构的规范运行制定相应的行政规范和行业规范。本次立法应注意解决 PPP 咨询中的乱象问题，PPP 咨询中律师事务所、会计师事务所是必备的咨询力量，目前由普通咨询机构主导咨询（咨询机构的设立不需要行政许可，实行工商局备案制，准入门槛低），PPP 律师、注册会计师在 PPP 咨询中被边缘化，导致咨询质量不能保证。应当规定 PPP 项目必须由专业的律师事务所、会计师事务所出具专项法律意见书和财务意见书，提高 PPP 咨询机构的准入门槛，允许律师事务所、会计师事务所牵头组织相关专家参与 PPP 咨询。

（9）在立法中明确政府付费 PPP 项目中政府的支出责任、政府的付费为财政中长期支付责任，不列入地方债考核，从而解决地方政府对 PPP 支出责任和地方债负债的困惑与担心。

（10）明确规定地方政府在 PPP 项目中的中长期支付责任，强调 PPP 项目不能因为政府换届等原因不予履行，从法律层面保障 PPP 合同的严肃性，保障 PPP 参与各方的合法权益。

（11）在 PPP 项目中引入争议评审制度，对 PPP 项目产生的局部、零散纠纷通过 PPP 项目评审专家组及时予以解决，防止 PPP 合同履行中出现重大矛盾冲突，影响公共利益。

（12）规定 PPP 纠纷解决的方式包括民事诉讼和仲裁。PPP 纠纷中只对行政性质的行为适用行政诉讼和行政复议。PPP 合同纠纷适用民事诉讼和仲裁，当事人可以对纠纷解决方式进行约定，从司法上保障各方的合法权益。

（13）PPP 项目退出问题。PPP 项目的参与方目前主要是中央企业和地方国企，随着 PPP 建设的推进，上述企业所承揽的 PPP 项目越来越多，给上述企业 PPP 项目的管理、运营造成负担，如果在 PPP 项目运营过程中不能实现有效退出，将会束缚中央企业和地方国企的手脚，形成新的问题，但是无原则的灵活退出也会影响到 PPP 项目的顺利实施和长期稳定。所以在 PPP 条例中要规定 PPP 项目政府和社会资本方的退出机制，规定退出的原则，鼓励通过资产证券化等现代融资工具合理退出。此外，要规定鼓励民营企业参加PPP 项目的保障和措施，改变国有企业唱"独角戏"的局面。

（14）规定 PPP 管理和运行中的违法和违规行为的处罚方式与办法，防止 PPP 运行过程中违法犯罪等行为的发生，为 PPP 行政执法提供明确依据。

（15）规定中央政府对地方政府进行 PPP 建设的奖励和支持办法，可以从政治、经济等方面对地方政府进行奖励和支持。鼓励地方政府采用 PPP 模式，加快推进基础设施和公共服务的建设与进展，保障在经济发展速度放缓的新常态下，满足人民群众对公共服务和基础设施增长的需求。

（16）授权财政部抓紧制定 PPP 合同示范文本，规范 PPP 合同，建议在PPP 合同中把涉及行政监管内容的条款去掉，单独制定《PPP 监管管理办法》，明确各职能机构对 PPP 项目的监管职责和办法，避免 PPP 合同民事、行政不分，强化 PPP 项目合同的平等性和契约性，调动社会资本方参与的积极性。

（17）要解决 PPP 项目政府出资代表的主体问题，PPP 项目在实际操作过程中，存在政府行政部门作为 PPP 项目股东，在工商局注册时不予登记的问题。国务院应授权国家工商局等相关职能部门对企业登记条例中的相关规定作出调整，保证 PPP 项目的顺利实施。

（18）PPP 项目与地方债、政府购买服务、政府融资平台密切相关，在本次立法中，应对地方债存量项目的 PPP 改造的界限以及政府购买服务的界限予以明确，防止政府购买服务模式的滥用以及政府潜行负债的发生。

（19）没有必要对 PPP 项目进行区别管理。区别管理容易形成管理上的条状分割，造成管理上的冲突和盲区，造成制度层面的冲突。如果要区别管理，按特许经营项目和购买服务项目区别管理不科学，因为这两种项目的划分界限不明确，前几年 PPP 实践中也暴露出来这样的划分区别管理造成了制度的冲突、管理的盲区与冲突，建议按照政府付费、使用者付费、可行性缺口补助这样的方法进行管理。我们参与的 PPP 项目都是以三分法的方式进行管理，即按照政府付费、使用者付费、可行性缺口补助这样的方式进行管理。

（20）PPP 项目物有所值评价和财政可承受能力论证（"两个论证"）很有必要，但没有必要与实施方案分开编制，因为"两个论证"和实施方案是不可分割的整体，可以将两个论证整合到实施方案中，"两个论证"和一个方案建议仍由财政部门牵头实施，PPP 实践证明由财政部门牵头实施实际效果较好。此外，由于各地经济发展水平不同，因而一刀切的规定"10% 的财政可承受能力"也不是很科学，应当由国家确定一个区间，然后将权力下放到省级人民政府，由省级人民政府根据本地经济发展水平确定具体标准。

（21）PPP 项目与现行固定资产投资项目管理程序的衔接不顺畅。存在的问题如下：第一，项目属性不明确，现有管理体制均是按政府投资项目进行管理，不符合 PPP 项目的本质属性，因为 PPP 项目既不是单纯的政府出资，也不是单纯的企业投资项目，而是一种特殊的政府和社会资本合作的项目，它既具有政府投资的公共属性，又具有民间投资的商业属性，所以按照现有国有资产投资管理办法对 PPP 项目进行管理，不符合 PPP 项目的本质属性，现在操作程序往往是宁左勿右，唯恐触碰雷区，所以在 PPP 项目的管理中，过高过严地按照政府投资项目进行管理，影响了 PPP 项目的灵活性和市场属性；第二，PPP 项目存在着由一般投资项目进行立项，在识别过程中，发现适合采用 PPP 模式，应改为 PPP 模式，改为 PPP 模式以后，没有对相关项目的可研、立项等手续进行调整，出现项目概算大于项目估算、项目预算大于项目概算等奇怪现象，导致项目的实际投入超出可研立项的批复。项目投资结算和财政支出存在法律障碍。

（22）PPP 项目与现行预算管理的衔接问题，一般按照财政部出台的政策规范进行，即政府部门在 PPP 项目中需承担的财政支出责任，根据《预算法》的相关规定均需纳入地方政府预算。对于存在建设期导致预算支出安排与合同签订错位的，为保证项目财政预算支出责任，在 PPP 项目合同签署时，参照财政部 92 号文，规定由行业主管部门根据预算管理要求，将 PPP 项目合同中约定的政府跨年度财政支出纳入中期财政规划，经财政部门审核汇总后，报本级人民政府审核。待实际发生政府财政支出，对本级政府同意纳入中期财政规划的 PPP 项目，由行业主管部门按照预算编制程序和要求，将合同中符合预算管理要求的下一年度财政资金收支纳入预算管理，报请财政部门审核后纳入预算草案，经本级政府同意后报本级人民代表大会审议。因此在 PPP 项目立法时，可进一步细化纳入中长期财政预算规划的要求、时间节点以及证明文件，进一步细化、梳理 PPP 支出和预算法的关系，从而实现 PPP 项目支出与预算体系的衔接。

（23）当前，政府方选择社会资本方的主要方式是公开招标和竞争性磋商。在竞争性磋商过程中，其主要评标方法也比照公开招标的评标方法进行操作，主要是为了防范招标风险，但 PPP 招标和竞争性磋商中，暴露出的恶性竞争、陪标、围标等不规范的问题，需要在以后的 PPP 实施条例中作出相应的追责条款规定，以防止恶性竞争、陪标、围标等非法现象的发生。

（24）项目合作协议能否对经过批准的项目实施方案相关内容调整补充。经政府批准的项目实施方案和项目合作协议之间的关系是宪法和一般法的关系，项目合作协议一般是不应超过实施方案的，因为实施方案存在错误和实际情况变化等需要对实施方案进行补充调整的，应当允许补充和调整，但必须经过相应的批准程序，即通过补充实施方案或修正实施方案的程序，对非实质性内容，可以通过谈判作出相应的调整和补充。

对应当属于社会资本方自主经营决策的事项，比如向哪个金融机构融资、是否进行合理的分包、确定融资利息、是否采用创新设计、采用新材料、新工艺等应当由 PPP 社会资本方自主决策，政府方不应过多干涉。

（25）PPP 项目中应当继续设立项目公司。主要是基于以下考虑：①风险防火墙，PPP 项目公司的风险不追及母公司，能调动母公司参与 PPP 项目的积极性，同时，母公司的风险也不追及项目公司，保证即使母公司出现破产、停业等现象，项目公司仍能正常运营，公共设施和公共服务不会出现不能完成的风险；②设立项目公司，可以把项目公司所产生的税收保留在项目地，增加 PPP 项目实施地的财政收入。设立项目公司，应当在中标以后，与项目实施机构签订框架协议，项目公司成立以后，再由项目公司与 PPP 实施机构签订项目合同。从框架协议到 PPP 合同过程中，由企业所承担的投标所产生的民事责任转化为 PPP 项目公司对项目实施方承担的责任，但政府在招标时所保留的社会资本方不能豁免的义务除外。

（26）因为 PPP 项目非一般项目，均涉及重大公共利益，PPP 项目的运营就不能像普通的民营项目一样缺乏有力监管，因为 PPP 项目的失败会导致公共利益的损失，危及公共安全，所以应当依据法律、行政法规、部门规章、规范性法律文件对 PPP 项目实行全方位监管，包括成本控制、质量监管，甚至对违法分包、材料质量、民工工资的支付、项目资金的使用等都需要进行监管。PPP 项目信息披露的主体应在本次立法中予以明确，按照责权利相统一的原则，由财政部门承担。因为 PPP 项目信息涉及国家利益，所以，除国家机密、商业机密以外的所有内容都应当向社会公布。

附：

政府和社会资本合作立法调研问题提纲

（中介机构座谈会用）

1. 请介绍本单位参与 PPP 项目的情况。

2. 中介机构主要在哪些环节参与 PPP 项目，各环节分别发挥什么作用？

3. PPP 立法中是否有必要对 PPP 项目区别管理？如果要区别管理，是按照"特许经营项目""购买服务项目"区别管理还是按照政府付费、使用者付费、可行性缺口补助等不同付费方式区别管理？本单位参与的 PPP 项目是如何区别管理的？

4. PPP 项目物有所值评价和财政可承受能力论证（"两个论证"）是否必要，对保证项目实施能否真正发挥作用？PPP 立法中是否应当将"两个论证"作为 PPP 项目的专门程序？可否将"两个论证"整合到 PPP 项目实施方案的编制程序中，由相关行业主管部门负责，征求有关部门的意见？

5. 从中介机构的角度看，PPP 项目与现行固定资产投资项目管理程序的衔接是否顺畅，存在哪些问题？

6. 从中介机构的角度看，PPP 项目与现行预算管理程序的衔接是否顺畅，存在哪些问题？财政管理能否发挥对社会资本参与 PPP 项目的保障作用？

7. 从中介机构的角度看，PPP 项目所涉国有资产转让、管理与现行国有资产管理规定的衔接是否顺畅？存在哪些问题？

8. 实践中政府方选择社会资本方的主要方式、程序是什么？这些方式、程序是否公平、公正，是否能够确保选出最适合 PPP 项目的社会资本方？

9. 社会资本方与政府实施机构签订 PPP 项目合作协议过程中，能否通过谈判对政府批准的项目实施方案相关内容作相应调整、补充？为了体现 PPP "专业的人干专业的事"这一理念，哪些事项应当由社会资本方自主决策？

10. PPP 项目中设立或者不设立项目公司分别出于什么考虑？设立项目公司的，合作协议如何订立，企业作为社会资本方的权利、义务有什么变化？

11. PPP 立法对项目合作协议应当从哪些方面作出规定？

12. PPP 项目合作期间是否应当允许社会资本方退出？其主要考虑的是什么？

13. 目前国家有关部门出台的 PPP 文件是否适应实际需要，对此有什么希望和建议？

14. 从中介机构角度看，对 PPP 工作部门职责分工有什么意见和建议？

15. 从中介机构角度看，政府部门对 PPP 项目的后续运营监管应当承担哪些责任？PPP 项目信息披露的责任主体是谁？披露的尺度应如何把握？

16. 对 PPP 立法的其他意见和建议。

对《基础设施和公共服务领域政府和社会资本合作条例（征求意见稿）》的思考和建议

2017 年 7 月 21 日，全社会关注的《基础设施和公共服务领域政府和社会资本合作条例（征求意见稿）》[本文下称 PPP 条例（征求意见稿）] 发布并向社会公开征集意见。笔者结合自身实践经验，提出如下立法建议。

一、关键的几个理论问题尚待彻底澄清

（一）关于 PPP 本质含义的界定

财政部和国家发展改革委在各自的规范性文件中都对 PPP 作出定义，但是这些定义都是对 PPP 外延特征的描述，并没有揭示 PPP 的真实内涵和本质含义，本次 PPP 条例（征求意见稿）第二条也对 PPP 进行了定义，这个定义综合了财政部和国家发展改革委的内容，但仍然没有突破财政部和国家发展改革委单从行为特征上对 PPP 进行定义的模式，没有揭示 PPP 的内涵。

PPP 的定义应当重点揭示 PPP 内涵，因为只有理解了 PPP 的本质属性，我们才能理解为什么 PPP 不属于政府债，以及政府在 PPP 项目中应该扮演什么角色。如果不揭示 PPP 的真实内涵和本质含义就不能确定 PPP 根本属性，从而可能导致法律价值定位和适用的混乱。

建议：将 PPP 定义为"PPP 是政府通过一定的公开竞争程序，将由政府控制的基础设施和公共服务向社会资本方部分开放，社会资本方通过向公众

提供基础设施和公共服务而获得合理收益的一种基础设施和公共服务提供模式。"

(二) PPP 社会资本方的选择和政府采购的关系

现在通常将 PPP 社会资本方的选择行为理解为政府采购行为，依据《政府采购法》来选择社会资本方。这导致大家在选择社会资本方时往往宁左勿右，把 PPP 社会资本方的选择搞得比政府采购还复杂。

PPP 不是政府采购，而是政府开放公共服务与基础设施的市场，PPP 的本质是政府与社会资本的合作，是对社会资本方的一种选择方式，不是政府购买行为，而是一种政府采购之外的公共采购。PPP 具有保障公共利益实现的公共属性，所以必须严格选择程序，在确定 PPP 项目法律适用时，不能机械套用政府采购的相关法律法规。PPP 条例（征求意见稿）仍然没有跳出政府采购的误区，把《政府采购法》当成 PPP 项目选择社会资本方的法律依据本源，导致规定选择模式时跳不出《政府采购法》的限制，把实践中适合 PPP 选择的竞争性磋商排斥出去，把并不适合 PPP 的竞争性谈判写入条例。

建议：条例内容应摆脱《政府采购法》及《中华人民共和国政府采购法实施条例》的束缚，设立区别于政府采购法的独立的一套体系，对社会资本方的选择程序作出特殊规定，明确适合 PPP 社会资本方选择的竞争方式。

(三) PPP 与政府投资的关系

PPP 主要是社会资本方的投资即企业投资，政府并不投资或很少投资。所以，PPP 并不属于政府投资或者是以政府为主体的投资，实践中把 PPP 投资当成政府投资管理进行立项和审批，造成程序非常复杂，影响 PPP 项目实施的效率。

PPP 实质上是政府开放其控制的公共服务和基础设施的市场，选择社会资本方进行合作的行为，本质上不属于政府投资，属于一种具有强烈公共属性的企业投资，既不能照搬政府投资的立项、审批、招投标等程序，又不能像普通企业投资那样放松管理，因为按政府投资进行管理，违背了 PPP 投资的根本属性，没有法理基础，只会使 PPP 管理太死太严格而影响 PPP 的推行效率。如果按企业投资进行管理，又会忽略了 PPP 项目的公共属性，影响公共利益的实现，所以 PPP 项目是一种区别于政府投资和企业常规投资的具有强烈公共属性的企业投资项目。

建议：由 PPP 实施条例对其立项、采购、批准作出特别的规定，做到有章可循，或者授权国务院相关部门单独作出 PPP 立项、采购、审批等项目程序规定。

（四）关于 PPP 和供给侧结构性改革的关系

条例中充分体现了国家对 PPP 项目实行鼓励支持的原则，但对相关依据和理由陈述不充分，立法说明中并未提到 PPP 与供给侧结构性改革的关系。

PPP 是供给侧结构性改革补短板的重要内容。"供给侧结构性改革"就是转向从经济供应的角度对经济进行调整。去产能、去库存、去杠杆、降成本、补短板是供给侧结构性改革的五大任务，在经济新常态下，经济增长速度放缓，但基础设施的建设和公共服务的提供不能放缓，因为社会和人民群众对基础设施的建设和公共服务提供的需求是不断增长的，这也是我国经济的重要短板。运用 PPP 模式在不增加地方政府财政压力的前提下加大基础设施的建设和公共服务的提供是供给侧结构性改革的要求。

建议：立法说明中要考虑到供给侧结构性改革，解决国家为什么鼓励支持 PPP 项目的问题，提高其实施的自觉性。

（五）关于 PPP 和创新驱动的关系

立法说明中并未提到 PPP 的创新驱动属性。创新驱动是十八大确定的中国经济发展的原动力，在创新驱动和供给侧结构性改革的背景下，PPP 应运而生，像雨后春笋一样迅速发展，PPP 所蕴含的政企分开、行政高效、提高财政资金使用效率、绩效考核付费、鼓励生产力要素优化组合、经济去虚从实的转变都是创新驱动原动力的重要表现。所以充分研究 PPP 和创新驱动的关系，充分认识 PPP 和创新驱动的紧密联系才能把握 PPP 在社会经济生活中的准确定位，从而重视、支持、推动 PPP 的健康良性发展，也有利于在各地 PPP 具体操作中把握 PPP 项目创新驱动的本质属性。

建议：PPP 条例中，应当充分体现 PPP 的创新驱动属性，体现出鼓励创新、优化高效的立法理念，而且在立法说明中也应当着重强调 PPP 的创新驱动属性。

（六）关于 PPP 和地方债管理之间的关系

立法说明中并未提到 PPP 与地方债管理之间的关系。PPP 之所以会得到迅猛发展，除了 PPP 是供给侧结构性改革和创新驱动的重要表现模式以外，更重要的一个因素是自 2014 年国务院关于加强地方债管理的实施意见颁布以来，中央加强了对地方债的管理。一方面地方政府的钱袋子要扎紧（不得违规举债），另一方面要加强城市基础设施的建设和公共服务的提供，从而满足人民群众对基础设施和公共服务不断增长的需要。而 PPP 不属于地方债，正好满足了地方政府在不增大地方债规模、防止出现地方债风险的前提下，发展基础设施和公共服务的需求，条例中虽然规定了几个不得通过 PPP 违规举债的规定，但在 PPP 条例及立法说明中强调 PPP 和地方债管理之间的关系，可以加强地方政府及金融机构对上述规定的深层次理解，从而更加规范地运作 PPP 项目。

建议：充分研究 PPP 和地方债管理的关系，并且在条例和立法说明中体现出来。

（七）PPP 管理体制没有彻底理顺

在过去的 PPP 管理中，由财政部和国家发展改革委两部门管理，形成了事实上的政出多门、法律不统一、地方政府无所适从的局面。财政部主管的公共服务和国家发展改革委主管的基础设施，在 PPP 的运用上并没有本质区别，所以本次条例规定了统一的规则和程序，并没有作出区分，这是非常重要的一个进步。但是，对 PPP 在国务院层面应该有一个综合部门负责管理和领导，各地方政府也应该有一个 PPP 主管部门负责本地区 PPP 工作的领导和监督。本次条例中虽然有 PPP 的综合性管理规定由相关部门共同制定的规定，但是具体操作中谁来牵头制定，谁来牵头监管，会不会形成谁都不管或谁都来管的局面？另外，条例中规定政府的监管职责均用了有关部门的概念，有关部门到底是什么部门，应当予以明确，从而便于法律的落实和执行。

鉴于从中央到地方实践中已经形成了 PPP 中心负责中央和地方的 PPP 事务，建议明确有关机构就是 PPP 管理中心。这样规定既解决了主管机关不明确的问题，又解决了实务中各地 PPP 主管机关在法律上没有地位，人事、编制、机构、经费都没有法律依据的问题。

（八）PPP 合同权利义务主体缺位

PPP 合同虽然由政府和社会资本方签订，但是通常 PPP 项目要设立专门的项目公司进行运营，项目公司成立以后，将继承和承载 PPP 合同的主要权利和义务。所以，在 PPP 合同中政府、社会资本方、项目公司是三个不可或缺的权利义务主体，社会资本方和项目公司的权利义务并不完全统一。本条例忽视了社会资本方和项目公司的区别，在多个条款中只规定了政府和社会资本方的权利义务，没有规定项目公司的权利义务，这样会形成 PPP 项目合同的权利义务落不到实处，也会造成 PPP 项目公司防火墙作用的灭失，影响社会资本方投资项目的积极性。

（九）管制和契约自由的关系

管制与契约自由是相互矛盾的，法律的制定必须取得管制和契约自由的平衡，根据法律的价值取向合理确定管制内容和契约自由区间。本次 PPP 条例过多地强调了政府的管制，基本上所有的条款都是强制性的条款，甚至很多效力性条款，对契约自由是极大的限制。之所以在条例中规定了太多的管制内容，是因为我国采用 PPP 模式时间不长、经验不足，体现了国务院对 PPP 运作的一种审慎态度。但是，政府和社会资本合作也是一种市场行为，虽然具有强烈的公共属性，但其市场属性也不可忽视，忽视了其市场属性会影响社会资本投资 PPP 的积极性和创造力，不利于生产力要素向 PPP 的转移和集中。另外，PPP 作为创新驱动的一种重要形式，就是要把 PPP 作为我国经济发展的一种原动力，管得太死会影响创新和探索。

建议：适当增加允许 PPP 探索和实践的空间，在 PPP 的运作中充分发挥其市场属性，同时也要保证公共利益的实现。

（十）PPP 条例和 PPP 合同的关系

PPP 条例的制定具有重大意义。①能起到规范指引的作用；②能起到 PPP 行为修正作用，如合作协议与实施条例的强制性相冲突，就必须要进行整改，从而起到纠错矫正的作用；③利益修正作用，PPP 是个新事物，PPP 合同条款和内容缺乏规范性的指引和示范文本，而且 PPP 合同涉及国家利益、公共利益、社会资本利益及其他参与方利益的博弈。通过条例规定了必须的、禁止的、任意性多种法律规范。如果 PPP 合同条款与条例规定的强制性、效力性法律规范相冲突则行为无效，其基于无效合同所取得的不正当利益将会予以调整，其没有规定的必须内容条例则起到了补正作用，可以依据条例的规定要求 PPP 合同的相对方履行法律义务，从而保证 PPP 合同参与各方的合法权利以及公共利益的实现。而 PPP 合同主要是对任意性规范的细化和条例未调整区间的补充。

（十一）公共利益优先原则

PPP 虽然不属于政府采购和政府投资，但是 PPP 涉及公共利益。在法律中，对公共利益的保护是第一位的。所以，本条例规定了公共利益优先的原则。我们在理解、执行 PPP 条例时，应当充分考虑公共利益优先的原则。在公共利益与社会资本方利益、项目公司利益发生冲突时，优先保护公共利益。对这一条的理解要注意避免的误区是不要把公共利益等同于政府利益，虽然在更多的情况下政府代表了公共利益，但二者是完全不同的法律概念，在政府利益和社会资本方发生利益冲突时，不存在谁优先的问题，应当均衡地予以保护。条例中规定了在发生 PPP 纠纷时解决纠纷不能停止公共产品的提供、在社会资本方严重违约、不可抗力等特殊情况下，政府有权利采取紧急接管、提前终止合同等措施，并且规定紧急接管和提前终止合同采取的是利益补偿原则而不是赔偿原则，正是对公共利益优先保护的体现。

二、具体条款有待调整、修改和完善

（一）条例名称

建议：修改为《政府和社会资本合作条例》。

理由：基础设施和公共服务领域是政府和社会资本合作的两大领域，在实践中也形成共识和约定俗成，而且条例第 1 条也有表述。所以没有必要再以此为题。

（二）第一章

1. 第一条关于立法目的的规定

建议：修改为"为了规范政府和社会资本合作，提高基础设施和服务供给的质量和效率，保障公共利益的实现，保护各参与方的合法权益，制定本条例"。

理由：关于立法目的的表述不当，用词不准确，有病句，而且 PPP 参与方不仅仅是政府和社会资本方，还有项目公司、银行、基金、保险公司、施工方、材料商等。条例要保护所有参与人的合法权益。

2. 第二条关于 PPP 定义的规定

建议：将该条款修改为"PPP 是政府通过一定的公开竞争程序，将应当由政府提供的部分基础设施和公共服务向社会资本方开放，社会资本方通过向公众提供基础设施和公共服务而获得合理的收益的一种基础设施和公共服务提供模式"。

理由：首先，规定"政府采用竞争性方式选择社会资本方"不合适，因为竞争性选择社会资本方并不是唯一的模式，有的也可能要适用单一来源采购模式；其次，规定"由社会资本方负责基础设施和公共服务项目的投资、建设、运营"也不合适，因为 PPP 是政府和社会资本合作，有多种模式，有的模式如 TOT（转让—运营—移交）并不涉及项目的建设；再者，社会资本方包括企业和其他组织，其他组织在一定条件下也可以成为社会资本方，条例只规定为企业是不严密的，同时，PPP 的定义应当重点揭示 PPP 内涵，因为只有理解了 PPP 的本质属性，我们才能理解为什么 PPP 不属于政府债，以及政府在 PPP 项目中应该扮演什么角色。如果不揭示 PPP 的真实内涵和本质含义就不能确认 PPP 的根本属性，从而可能导致法律价值定位和适用的混乱。

3. 第三条规定了可以采用 PPP 模式的项目

理由：只作出原则性规定，没有对投资的规模等作出具体规定，为 PPP 的创新和探索留下了空间。同时规定国务院制定指导目录并实施调整，保证了 PPP 的原则性和灵活性相结合。笔者在立法建议中也建议对此只作原则性规定，为 PPP 的探索留下空间。

4. 第四、五、六条关于基本原则的规定

建议：第四条规定鼓励支持的原则。第五条规定：①积极稳妥原则；②合法性原则；③平等协商原则；④诚信原则；⑤长期合作原则；⑥公开透明原则；⑦公共利益优先原则。第六条规定平等参与原则。

理由：从宏观上为社会资本方起了定心丸的作用。

5. 第七条关于主管部门的规定

第七条解决的是国务院关于 PPP 管理"政出多门"的问题。

建议：国务院设立专门部门负责 PPP 的管理，负责制定政府和社会资本合作的综合性管理措施，并负责政府和社会资本合作的指导和监督。

理由：虽然规定综合性管理措施由国务院有关部门共同制定，但是"何为综合性管理措施？""谁来牵头？""会不会导致原来大家都管，现在大家都不管的现象？"本条的规定还是不能很好地解决两条线平行管理、政出多门的问题。

（三）第二章

1. 章节名称

建议：修改为"合作项目的识别和准备"。

理由：第二章名称为"合作项目的发起"，章节内容包括了项目的发起、项目的识别、项目方案的制定和审核，所以本章以"项目的发起"做标题是不合适的。

2. 第二章章节整体内容

建议：参考财政部《政府和社会资本合作模式操作指南（试行）》（财金〔2013〕113 号，本文下称财政部 113 号文）的相关规定。

理由：本章内容实质性涵盖了 PPP 操作中项目识别、项目准备两个阶段的主要工作和程序，也是 PPP 项目的重点工作，对 PPP 项目的识别和准备，财政部 113 号文有具体规定，实践证明，该指南规定的程序为保证 PPP 项目的识别和准备提供了很好的法律依据，是应当通过条例予以确认的实践探索成果，很多规定已经成为行业约定俗成的规则，我们只需要对其中不科学、不必要的程序予以调整、简化、补充即可。该章节的规定从以下几个方面打破了原来的规定：①关于项目发起方式。财政部 113 号文规定有政府发起和社会资本方发起两种方式，且社会资本方发起时应提供项目发起建议书。②关于项目发起的主管部门。负责征集项目和受理社会资本方建议的为财政部门的政府和社会资本合作中心，考虑到现有体制中各地财政部门均设立了 PPP 管理中心，负责 PPP 项目的识别和准备工作，已经积累了比较丰富的经验，形成了完善的管理体制，建议仍规定由地方政府的政府和社会资本合作中心负责项目的发起、物有所值评价和财评工作。③关于是否所有 PPP 项目都要进行物有所值评价和财政承受能力论证。物有所值评价和财政承受能力论证是 PPP 项目应当具备的必经环节，因为 PPP 项目强烈涉及公共利益，所以开展物有所值评价，确认项目采用 PPP 的可行性和必要性非常重要，所有的 PPP 项目都直接或间接地和公共财政有密切的关系，不存在与公共财政没有关系的项目，即便是使用者付费项目，也需要财政资金配套和在紧急状态下提前解除合同时财政资金的兜底，所以那种认为不涉及政府付费和政府补助的项目不需要财政承受能力论证的说法是错误的。财政部 113 号文中规定的物有所值评价和财政承受能力论证非常必要且切实可行，应予以确认。④关于 PPP 项目实施方案的制定部门。条例规定的方案由 PPP 有关主管部门拟定是不现实的，在实际操作中，有关主管部门作为一个综合部门负责的工作非常多，对具体要实施的项目情况并不了解，如果规定由主管部门拟定项目实施方案，而不是由项目实施机构拟定，会影响到项目实施方案制定的科学性和项目实施机构工作的积极性。财政部 113 号文规定由项目实施机构负责编制方案，应负责项目准备、采购和移交等工作，对保证项目实施机构的积极性和项目的科学性会起到重要作用，应当予以保留。⑤关于财政承受能力、物有所值评价和方案的评审，现实 PPP 实践中通常采用两个报告一个方案放在一起评审，这样既评价了项目的物有所值和财政承受能力，也是对实施方案的物有所值和财政承受能力的验证，可以规定放在一起进行评价。

3. 第九条第二款

该条规定：公民、法人和其他组织可以就基础设施和公共服务项目采用政府和社会资本合作模式向有关主管部门提出建议。

建议：应参照财政部 113 号文件，公民、法人和其他组织可以就基础设施和公共服务项目采用政府和社会资本合作模式向有关主管部门提供项目发起建议书。

4. 第十条第二款

该条规定：应当征求潜在社会资本方的意见。

建议：将该款项修改为"有关主管部门拟定项目实施方案，可以通过市场测试的方式确认产品的运行成本和市场行情"。

理由：该规定不科学、不合法。首先，按照条例所确定的公共利益优先原则，项目实施方案应主要体现公共利益；其次，所谓的"潜在社会资本方"说法不科学，何谓潜在的社会资本方？这样操作会不会涉及招标前的实质性谈判，影响招投标的公正性和损害公共利益？实践中采用的方法是进行市场测试，实践证明，市场测试能够确认市场中 PPP 产品的平均社会成本和市场行情，是一种行之有效的做法。

5. 第十一条

该条规定：涉及政府付费、政府提供补助或者补偿以及政府分担风险等财政支出事项的，应当提请同级财政部门进行财政承受能力评估。

建议：该条修改为"所有的 PPP 项目都应当提请同级财政部门进行财政承受能力评估"。

理由：该条款并没有提及"使用者付费项目"，容易使大众误认为使用者付费项目不用进行财政承受能力评估，而实际上 PPP 项目都是涉及公共利益的项目，不存在财政没有一点风险的项目，即使是使用者付费项目，当企业因不能按预期收回成本、拒不履行承诺时，都要由政府兜底。

（四）第三章

1. 第十三条

（1）第一款关于选择社会资本方的规定。

建议：修改为"政府实施机构应当根据经审核同意的合作项目实施方案，参照《中华人民共和国招标投标法》《中华人民共和国政府采购法》，通过公开招标、竞争性磋商等公开竞争的方式选择社会资本方……"

理由：PPP 不是政府采购，但是其涉及重大公共利益，应当参照招标投标法、政府采购法的规定选择合理的竞争方式。

（2）第二款关于社会资本方选择标准的规定。

建议：把"合理设置社会资本方"修改为"参照《中华人民共和国招标投标法》《中华人民共和国政府采购法》和项目的具体需求，合理设置社会资本方"。

理由："合理设置"的概念过于模糊，应当予以明确。

2. 第十四条

（1）第一款"政府实施机构与其选定的社会资本方在协商一致的基础上签订项目合作协议……"

建议：修改为"政府应当与选定的社会资本方根据公开竞争性结果签订合作项目协议，设立专门负责实施合作项目的公司，项目公司也要与政府签订合作项目协议"。

理由：首先，PPP 项目只能根据公开选择方式确认的中标结果来签订合同，实质性内容在开标后不得进行谈判，所以政府实施机构与其选定的社会资本方在协商一致的基础上签订项目合作协议是不符合规定的，只能根据公开选择方式及公开招标、竞争性磋商等确定的中标条件确定合同。其次，PPP 的运作程序通常是 PPP 招标以后进行政府相关部门与项目公司间的采购结果确认谈判，双方签订框架协议或合作协议，一般 PPP 项目还要成立专门的项目公司，项目公司成立后要与政府签订项目合作协议，因为在 PPP 合同中，社会资本方和项目公司是不同的民事主体，其在合同中的权利义务也不完全一致，所以，两个合同的法律效力不可替代，都要签订合同。

（2）第二款。

建议：将其单独列为一条。

理由：该款内容与第一款内容没有必然联系，且该款内容很重要。PPP 项目公司是为完成 PPP 合同目的而成立的专门公司，PPP 项目公司的安全运营事关公共利益的实现，所以很有必要单独列一条专门规定项目公司不得从事与项目实施无关的经营活动。

3. 第十五条关于合同内容的规定

建议：将该条删去，授权财政部以制定合同指南和示范条款的方式引导合同内容。

理由：关于合作项目合同内容比较复杂，需要在实践中不断总结和完善，如果以法律的形式对合同内容作强制性规定，则容易禁锢思想，不利于 PPP 合同的发展与创新。

4. 第十六条关于合作期限的规定

建议：修改为"合作项目期限根据行业特点、项目生命周期、公共服务需求、投资回收期等因素确定，一般不低于 10 年，最长不超过 30 年；合作期包含项目建设期，特殊项目确需缩短或延长期限，应报请上级 PPP 主管部门批准"。

理由：关于 PPP 的合作期限，一般不低于 10 年，最长不超过 30 年，这是比较切合实际的一个区间，但该期限并没有直接的科学依据支撑。实践中，的确有低于 10 年或需超过 30 年的项目，所以对合作期限，不宜作出特别确定的规定。另外，合作期限应当包含建设期，因为建设是 PPP 全生命周期的组成部分。

5. 第十七条关于绩效考核付费的规定

立法理由：本条是 PPP 项目收益根据绩效考核弹性付费的规定，PPP 是供给侧结构性改革和创新驱动背景下中央力推的模式，必须体现"创新驱动"的属性，本条正是其主要表现。

6. 第十八条关于禁止通过 PPP 违规举债的规定

立法理由：本条是禁止通过 PPP 违规举债的规定，实践中，不少地方政府通过 PPP 违规举债，本条规定的几种情形正是名为政府和社会资本合作，实为政府变相举债的情形。

7. 第十九条关于合作项目资产限制的规定

立法理由：该条是关于合作项目的资产限制规定，这一条是非常必要的，限制合作项目的资产他用，是保障公共利益所必需的。

8. 第二十条关于政府诚信义务的规定

建议：在条例中列明关于政府不守诚信的罚则条款。

理由：本条规定了政府的诚信义务，政府的诚信是 PPP 的最大问题，很多非公资本之所以对 PPP 热情不高，正是对政府诚信的担忧，所以单独列一条规定政府的诚信义务是很有必要的，但遗憾的是此条后面没有规定对应的罚则。

9. 第二十一条关于 PPP 预算管理的规定

建议：将"应当足额纳入年度预算"修改为"应当足额纳入年度预算和中长期财政规划"。

理由：本条规定了政府方财政支出事项，应当足额纳入年度预算，对 PPP 项目持续运营有较大保障。但是，PPP 项目中政府方支出责任属于跨年度的财政支出责任，本条并未与中长期财政规划相衔接。

10. 第二十二条关于政府承诺和保障义务的规定

（1）第一款。

建议：将"政府承诺和保障"修改为"PPP 项目合作协议约定的政府义务"。

理由："政府承诺和保障"不科学也不是法律术语。

（2）第二款。

建议：把"对参与合作项目实施方案联合评审时已经出具审查意见的，不再重复审查"删除。

理由：对实施方案联合评审时已经出具审查意见的事项，不再审查有风险。因为 PPP 实施方案有个不断成熟的过程，中间可能会根据实际情况进行调整，实践中变化的内容还很大，如果规定一律不再重复审查存在重大风险。

11. 第二十三条关于社会资本方提供持续、安全的公共服务的规定

建议：将"社会资本方"修改为"社会资本方及项目公司"。

理由：项目公司是 PPP 项目的运营主体，是项目运行情况的第一责任人，因此项目公司必然是公共服务的提供者。

12. 第二十四条关于 PPP 项目招标、建设工程招标"两标合一标的问题"

立法理由：这个条款解决了原财政部 92 号文件规定的"两标合一标"法律依据不足的问题，但是应当注意，该因素一定要在公开选择社会资本方时作为一个"评审因素"，否则不适用。

13. 第二十六条关于项目公司股权转让的规定

建议：对侧重建设的项目、侧重运营的项目分别作出规定。

理由：该条款未考虑到 PPP 项目的具体情况，有些 PPP 项目是侧重建设的项目，有些则是侧重运营的项目，所以不可作出统一规定，需区分情况作出规定。

14. 第二十七条关于提前终止项目合作协议的规定

建议：将第一款第二项"因社会资本方严重违约，危害公共利益"修改为"因社会资本方和项目公司严重违约，危害公共利益"。

理由：项目公司是 PPP 项目的运营主体，是项目运行情况的第一责任人，因此当项目公司严重违约、危害公共利益时，项目合作协议也应当终止。

15. 第二十八条关于移交财产的评估和补偿的规定

建议：（1）把"根据合作项目协议约定"删掉；

（2）在"社会资本方"后面加上"项目公司"。

理由：（1）因为社会资本原因致使设施设备和其他财产的价值非正常减损或者使用寿命减少的，就应该"扣减社会资本方的收益或者由社会资本方以其他方式补偿"，不需要考虑合同是否有约定，如果 PPP 合同没有约定或

者作出了相反的约定，则该约定应按无效处理。

（2）项目公司是 PPP 项目的运营主体，是项目运行情况的第一责任人，只有将项目公司也列为财产减损责任人，才不违背《中华人民共和国公司法》的规定。

（五）第四章

1. 第三十条、第三十一条、第三十四条

建议：对"县级以上人民政府有关部门""政府有关部门"加以明确，建议确定为"项目实施机构"。

理由：经 PPP 实践证明，PPP 项目的政府主管部门就是项目实施机构，因此在条例中应当予以明确。

2. 第三十三条关于信息公开的规定

建议：同时规定信息公开的媒体和平台，可以在后面加上一句"由国务院 PPP 主管部门具体规定公开的媒体和平台"。

理由：PPP 项目的信息公开是非常必要的。因为 PPP 事关公共利益，其项目的各个环节进展状况及时向社会公众公开不仅有利于阳光操作，吸引社会各界广泛参与，还可以赢得社会各界对 PPP 项目的认知和理解。

3. 第三十五条关于诚信平台建设的规定

建议：各级政府均成立 PPP 中心，负责领导、管理、监督 PPP 诚信平台建设。

理由：本条建议是根据第五条所确定的 PPP 应遵循诚实信用原则确定的。诚信平台建设很有必要，但是条例也应当同时明确谁来负责诚信平台的建设和管理，这样才便于诚信平台的运营和维护。

4. 第三十六条关于应急预案的规定

建议：将"政府有关部门、社会资本方……"修改为"政府有关部门、社会资本方、PPP 项目公司……"

理由：本条是关于应急预案的规定，由于 PPP 项目事关公共利益，必须有应急预案，只是在 PPP 合同中，具体实施项目的通常是社会资本方和政府共同设立的项目公司，所以项目公司必须是应急预案的参与方。

（六）第五章

1. 第三十八条关于协商解决争议的相关规定

建议：修改为"因合作项目协议履行发生争议的，协议双方应当协商解决，经协商达成一致的，应当按条例第二十五条的规定签订补充协议"。

理由：本条规定不妥，PPP 条例（征求意见稿）第二十五条对合同的协议变更已经有明确的规定，对通过协议变更达成补充合同规定了法定的公示、批准程序。本条规定"协商达成一致的，应当签订补充协议"忽视了第二十五条的规定，容易产生误解。

2. 第三十九条关于专业评审的规定

建议：修改为"合同双方可以在 PPP 合作协议中约定采用争议评审方式解决争议，根据争议评审结论达成补充协议的，仍应按照条例第二十五条的规定履行公示批准程序"。

理由：本条是关于项目合作协议的评审规定，笔者在国务院法制办 PPP 立法调研河南现场会上发言的第 11 条提到：建议在 PPP 项目中引入争议评审制度，对 PPP 项目产生的局部、零散纠纷通过 PPP 项目评审专家组及时予以解决，防止 PPP 合同履行中出现重大矛盾冲突，影响公共利益。争议评审是国际上通行的一种纠纷解决机制、当事人就建设工程争议可以提交双方约定的争议评审组解决（包括常设和临时），对于争议评审结论当事人可以约定其法律效力。

本建议稿采纳了笔者的上述观点，但表述不适当。首先，"争议评审"是国际通行的约定俗成的用语，国家七部委标准招标文件和建设部《建设工程施工合同（示范文本）》（GF 2013—0201）中都已经将其作为争议解决的一个条款写入，还应延续统一。

3. 第四十条关于民事争议的规定

建议：修改为"因合作项目协议履行发生的争议，双方可以约定依法申请仲裁或者向人民法院提起诉讼"。

理由：笔者在国务院法制办 PPP 立法调研河南现场会上发言的第 12 条提

到：规定 PPP 纠纷解决的方式包括民事诉讼和仲裁。PPP 纠纷中只对行政性质的行为适用行政诉讼和行政复议。PPP 合同纠纷适用民事诉讼和仲裁，当事人可以对纠纷解决方式进行约定，从司法上保障各方的合法权益。关于 PPP 合同的纠纷解决方式，在学术上一直有误区，有学者认为 PPP 纠纷只能进行行政诉讼和行政复议，笔者在《政府和社会资本合作（PPP）合同可仲裁性问题研究》一文中对 PPP 可仲裁性进行了详细的论述。本条例征求意见稿与笔者的观点一致，直接规定可以诉讼和仲裁，无疑为 PPP 纠纷的解决提供了法律依据，但是选择诉讼或者仲裁需要在合同中进行约定。

4. 第四十二条关于争议期间公共产品的提供

立法理由：本条规定得非常好，因为 PPP 合同事关重大公共利益，法律对公共利益的保护是放在第一位的，建议稿第五条确立了在 PPP 项目中公共利益优先的原则，本条就是一个具体的体现，而且本条同第三十七条也是相配套使用的。

（七）第六章

1. 第四十三条关于对限制非公有制社会资本方参与 PPP 项目的处罚

建议：将"由上一级机关责令改正"修改为"由上一级 PPP 主管机关责令改正"。

理由：各级政府部门都有专门的 PPP 主管机关负责 PPP 事务，只规定"上一级机关"比较模糊。

2. 第四十四条是对有关主管部门、政府实施机构应当责令限期改正，情节严重时对负有责任的领导人员和直接责任人员依法予以处分的情形的规定

建议：（1）将（一）删去。

（2）将"对采用政府和社会资本合作模式的必要性、合理性组织开展评估"修改为"物有所值评价"。

理由：（1）合作项目实施方案要征求社会资本方意见的说法不科学，容易误导政府与潜在社会资本方进行标前实质性谈判。

（2）"对采用政府和社会资本合作模式的必要性、合理性组织开展评估"就是"物有所值评价"，后者是约定俗成的规定，这样规定比较严谨和简洁。

3. 第四十五条关于对政府和有关部门予以处分的情形

建议：将"（一）不履行合作协议中的相关政府承诺和保障"修改为"（一）不履行合作协议中的相关合同义务"。

理由：在 PPP 项目中，有些内容是禁止政府作出承诺的，而且承诺和保障也不是法律用语。

4. 第四十七条规定了对社会资本方或项目公司予以罚款的情形

建议：将处罚标准修改为"按违法金额的 1% ~2% 进行处罚"。

理由：该条款规定的罚款金额过低，不利于对违法行为起到震慑作用。

5. 第四十八条规定了对第三人的赔偿责任问题

建议：将该条款删掉。

理由：《中华人民共和国民法通则》《中华人民共和国侵权责任法》以及《中华人民共和国民法总则》都对侵权行为作了详细规定，被侵权人可以依据已有法律提起诉讼，因此这一条规定的意义不大。

（八）第七章

第四十九条关于存量 PPP 项目的规定。

建议：将该条修改为"国家鼓励已有基础设施和公共服务项目采用政府和社会资本合作模式运营"。

理由：存量项目按照 PPP 模式运营，当然需要适用本条例规定。

附：

基础设施和公共服务领域政府和
社会资本合作条例（征求意见稿）

第一章 总 则

第一条 为了规范基础设施和公共服务领域政府和社会资本合作，提高公共服务供给的质量和效率，保障公共利益和社会资本方的合法权益，促进经济社会持续健康发展，制定本条例。

第二条 本条例所称基础设施和公共服务领域政府和社会资本合作（以下简称政府和社会资本合作），是指政府采用竞争性方式选择社会资本方，双方订立协议明确各自的权利和义务，由社会资本方负责基础设施和公共服务项目的投资、建设、运营，并通过使用者付费、政府付费、政府提供补助等方式获得合理收益的活动。

本条例所称社会资本方，是指依法设立，具有投资、建设、运营能力的企业。

第三条 符合下列条件的基础设施和公共服务项目，可以采用政府和社会资本合作模式：

（一）政府负有提供责任；

（二）需求长期稳定；

（三）适宜由社会资本方承担。

国务院有关部门根据前款规定的条件，制定可以采用政府和社会资本合作模式的基础设施和公共服务项目指导目录，并适时调整。

第四条 国家制定和完善与政府和社会资本合作模式相适应的投资、价格、财政、税收、金融、土地管理、国有资产管理等方面的政策措施，支持符合条件的基础设施和公共服务项目采用政府和社会资本合作模式。

第五条　基础设施和公共服务项目采用政府和社会资本合作模式，应当积极稳妥、依法合规，遵循平等协商、诚实守信、长期合作、公开透明的原则，坚持公共利益优先。

第六条　国家保障各种所有制形式的社会资本方依法平等参与采用政府和社会资本合作模式的基础设施和公共服务项目（以下简称合作项目）。

任何单位和个人不得排斥或者限制非公有制社会资本方依法参与合作项目。

第七条　国务院有关部门在各自的职责范围内，负责政府和社会资本合作的指导和监督。

政府和社会资本合作的综合性管理措施，由国务院有关部门共同制定。

国务院建立政府和社会资本合作工作协调机制，及时协调、解决政府和社会资本合作工作中的重大问题。

第八条　县级以上地方人民政府应当加强对本地区政府和社会资本合作工作的组织领导和统筹协调。

县级以上地方人民政府有关部门依照本条例和本级政府确定的职责分工，负责本地区合作项目的组织实施和监督管理。

第二章　合作项目的发起

第九条　县级以上人民政府有关主管部门（以下简称有关主管部门）根据经济社会发展需要、社会公众对公共服务的需求、相关发展建设规划以及本条例第三条的规定，在组织开展前期论证的基础上，可以提出拟采用政府和社会资本合作模式的基础设施和公共服务项目。

公民、法人和其他组织可以就基础设施和公共服务项目采用政府和社会资本合作模式向有关主管部门提出建议。

第十条　对拟采用政府和社会资本合作模式的基础设施和公共服务项目，有关主管部门应当拟订合作项目实施方案。合作项目实施方案应当包括下列内容：

（一）合作项目的名称、地点以及建设规模、投资总额等基本情况；

（二）合作项目建设运营内容及标准、运作方式、预期产出；

（三）合作项目期限；

（四）社会资本方回报机制；

（五）政府和社会资本方的风险分担；

（六）合作项目期限届满后项目资产的处置；

（七）有关主管部门认为应当明确的其他事项。

有关主管部门拟订合作项目实施方案，应当征求潜在社会资本方的意见。

第十一条　有关主管部门拟订合作项目实施方案，应当会同同级发展改革、财政等有关部门，从经济效益、社会效益等方面对采用政府和社会资本合作模式的必要性、合理性组织开展评估；涉及政府付费、政府提供补助或者补偿以及政府分担风险等财政支出事项的，应当提请同级财政部门进行财政承受能力评估。评估应当形成明确结论。

有关主管部门应当根据前款规定形成的评估结论，对合作项目实施方案进行修改完善，或者作出不采用政府和社会资本合作模式的决定。

第十二条　合作项目实施方案应当经本级人民政府审核同意。本级人民政府应当组织有关部门对合作项目实施方案进行联合评审。

经本级人民政府审核同意的合作项目实施方案，由有关主管部门向社会公布。

本级人民政府审核同意合作项目实施方案的，应当确定相关部门、单位作为政府实施机构，负责合作项目实施的相关工作。

第三章　合作项目的实施

第十三条　政府实施机构应当根据经审核同意的合作项目实施方案，通过招标、竞争性谈判等竞争性方式选择社会资本方，并将选定的社会资本方向社会公示。法律、行政法规对特定基础设施和公共服务项目选择社会资本方的方式有规定的，依照其规定。

政府实施机构应当根据合作项目的特点和建设运营需要，按照保证各种所有制形式的社会资本方平等参与、有利于合作项目长期稳定运营和质量效率提升的原则，合理设置社会资本方的资质、条件以及招标、竞争性谈判等的评审标准。

第十四条 政府实施机构与其选定的社会资本方应当在协商一致的基础上签订合作项目协议；设立专门负责实施合作项目的公司（以下简称项目公司）的，合作项目协议由政府实施机构与项目公司签订。

项目公司不得从事与合作项目实施无关的经营活动。

第十五条 合作项目协议应当符合招投标、竞争性谈判等文件，载明下列事项：

（一）合作项目的名称、内容；

（二）合作项目的运作方式、范围；

（三）投融资期限和方式；

（四）合作项目期限；

（五）社会资本方取得收益的方式、标准；

（六）风险分担；

（七）服务质量的标准或者要求；

（八）政府承诺和保障；

（九）应急预案和临时接管预案；

（十）合作项目期限届满后项目及资产的移交；

（十一）合作项目协议变更、提前终止及其补偿；

（十二）违约责任；

（十三）争议解决方式；

（十四）法律、行政法规规定应当载明的其他事项。

设立项目公司的，合作项目协议应当载明项目公司的注册资本、股权结构、股权变更限制以及社会资本方对项目协议履行的担保责任等事项。

第十六条 合作项目期限根据行业特点、项目生命周期、公共服务需求、投资回收期等因素确定，一般不低于 10 年，最长不超过 30 年；法律、行政法规另有规定的，依照其规定。

第十七条　合作项目协议中应当约定，社会资本方的收益根据合作项目运营的绩效进行相应调整。

由使用者付费或者政府提供补助的合作项目，合作项目协议应当载明价格的确定和调整机制；依法实行政府定价或者政府指导价的项目，按照政府定价或者政府指导价执行。

第十八条　合作项目协议中不得约定由政府回购社会资本方投资本金或者承担社会资本方投资本金的损失，不得约定社会资本方的最低收益以及由政府为合作项目融资提供担保。

第十九条　合作项目的设施、设备以及土地使用权、项目收益权和融资款项不得用于实施合作项目以外的用途。

禁止以前款规定的资产为他人债务提供担保。

第二十条　政府和社会资本方应当守信践诺，全面履行合作项目协议约定的义务。

合作项目协议的履行，不受行政区划调整、政府换届、政府有关部门机构或者职能调整以及负责人变更的影响。

第二十一条　对合作项目协议中约定的财政支出事项，应当足额纳入年度预算，按照规定程序批准后，及时支付资金。

第二十二条　政府有关部门应当按照各自职责范围，履行合作项目协议中的相关政府承诺和保障，并为社会资本方实施合作项目提供便利。

对实施合作项目依法需要办理的行政审批等相关手续，有关部门应当及时办理；对参与合作项目实施方案联合评审时已经出具审查意见的事项，不再重复审查。

第二十三条　社会资本方应当按照有关法律、行政法规、规章、强制性标准、技术规范的规定以及合作项目协议约定实施合作项目，提供持续、安全的公共服务。

第二十四条　实施合作项目所需的建设工程、设备和原材料等货物以及相关服务，社会资本方依法能够自行建设、生产或者提供，且在选择社会资本方时已经作为评审因素予以充分考虑的，可以由社会资本方自行建设、生产或者提供。

第二十五条 在项目合作期限内，不得随意变更合作项目协议内容；确需变更的，应当由协议双方协商一致，并公示变更事由及内容，经本级人民政府批准后签订补充协议；变更内容涉及财政支出事项变动、价格调整的，应当先经相关部门审核同意并履行规定程序。

第二十六条 在合作项目建设期内，社会资本方不得转让其持有的项目公司股权。

合作项目运营期内，在不影响公共服务提供的稳定性和持续性的前提下，经政府实施机构报本级人民政府同意，社会资本方可以转让其持有的项目公司股权。

第二十七条 出现合作项目协议约定的提前终止协议情形，或者有下列情形之一的，可以提前终止合作项目协议：

（一）因不可抗力导致合作项目协议无法继续履行；

（二）因社会资本方严重违约，危害公共利益；

（三）依法征收、征用合作项目财产。

因依法征收、征用合作项目财产导致合作项目提前终止的，应当按照国家有关规定给予社会资本方合理补偿。

第二十八条 合作项目期限届满按照约定需要进行项目资产移交的，政府实施机构应当根据法律、行政法规和合作项目协议约定，对设施、设备和其他财产的状况进行检查评估。

因社会资本方原因致使设施、设备和其他财产的价值非正常减损或者使用寿命减少的，应当根据合作项目协议约定，相应扣减社会资本方的收益或者由社会资本方以其他方式补偿。

第二十九条 合作项目期限届满或者合作项目协议提前终止，对该项目继续采用政府和社会资本合作模式的，应当依照本条例的规定重新选择社会资本方；因合作项目期限届满重新选择社会资本方的，在同等条件下应当优先选择原社会资本方。

第四章　监督管理

第三十条　县级以上人民政府有关部门应当依据各自职责，加强对合作项目实施中执行有关法律、行政法规、规章、强制性标准、技术规范情况的监督检查。有关部门实施监督检查，有权采取下列措施：

（一）进入合作项目现场进行检查、检验、监测；

（二）查阅、复制有关文件、资料；

（三）要求有关人员就有关问题作出说明。

监督检查应当符合法定的程序和要求，不得影响合作项目的正常实施。社会资本方对监督检查应当予以配合。

第三十一条　县级以上人民政府有关部门应当定期对合作项目建设、运营等情况进行监测分析和绩效评价，建立根据绩效评价结果对价格或者财政补助进行调整的机制。

社会资本方应当按照规定向政府有关部门提供有关合作项目投资、建设、运营方面的数据、资料等信息。

第三十二条　政府有关部门应当建立合作项目档案，将合作项目发起、实施以及监督检查等方面的文件、材料存档备查。

社会资本方应当妥善保管合作项目投资、建设、运营等方面的有关资料，并在合作项目期限届满或者提前终止时向政府有关部门移交。

第三十三条　除涉及国家秘密、商业秘密外，政府有关部门应当依法公开合作项目发起、社会资本方选择、合作项目协议订立、绩效监测报告、中期评估报告、合作项目重大变更或者终止情况以及监督检查情况和结果等信息。

第三十四条　社会公众有权对合作项目的发起和实施进行监督。

对社会资本方违反法律、行政法规规定的行为或者对提供公共服务的质量等问题，任何单位和个人可以向政府有关部门举报、投诉，有关部门应当及时依法处理。

第三十五条　政府有关部门应当根据社会信用体系建设的有关要求，记录社会资本方、中介机构、项目公司及其从业人员的失信行为，并纳入全国统一的信用信息共享交换平台。

第三十六条 政府有关部门、社会资本方应当按照有关规定，制定合作项目突发事件应急预案；突发事件发生后，立即启动应急预案，采取相应的防护措施，组织抢修。

第三十七条 合作项目协议提前终止的，政府有关部门应当采取有效措施，保证公共服务的正常提供；必要时，经本级人民政府同意，可以临时接管合作项目。社会资本方应当予以必要的配合。

第五章　争议解决

第三十八条 因合作项目协议履行发生争议的，协议双方应当协商解决；协商达成一致的，应当签订补充协议。

第三十九条 因合作项目协议中的专业技术问题发生争议的，协议双方可以共同聘请有关专家或者专业技术机构提出专业意见。

第四十条 因合作项目协议履行发生的争议，可以依法申请仲裁或者向人民法院提起诉讼。

第四十一条 对政府有关部门作出的与合作项目的实施和监督管理有关的具体行政行为，社会资本方认为侵犯其合法权益的，有陈述、申辩的权利，并可以依法提起行政复议或者行政诉讼。

第四十二条 合作项目争议解决期间，协议双方应当继续履行合作项目协议约定的义务，不得擅自中断公共服务的提供。

第六章　法律责任

第四十三条 政府及其有关部门排斥或者限制非公有制社会资本方依法参与政府和社会资本合作的，由上一级机关责令改正；情节严重的，对负有责任的领导人员和其他直接责任人员依法给予处分。

第四十四条 有关主管部门、政府实施机构违反本条例规定，有下列情形之一的，由本级政府责令限期改正；情节严重的，对负有责任的领导人员和直接责任人员依法给予处分：

（一）拟订合作项目实施方案未征求潜在社会资本方意见；

（二）未对采用政府和社会资本合作模式的必要性、合理性组织开展评估或者未提请同级财政部门进行财政承受能力评估；

（三）未向社会公布合作项目实施方案；

（四）未通过竞争性方式选择社会资本方或者未向社会公示其选定的社会资本方；

（五）未按照规定与选定的社会资本方签订合作项目协议；

（六）在项目合作协议中约定由政府回购社会资本方投资本金或者承担社会资本方投资本金的损失，或者约定保证社会资本方的最低收益以及由政府为合作项目融资提供担保；

（七）未按照规定对社会资本方移交的设施、设备和其他财产状况进行检查评估。

第四十五条 政府及其有关部门有下列情形之一的，由其上一级机关责令改正；情节严重的，对负有责任的领导人员和直接责任人员依法给予处分：

（一）不履行合作协议中的相关政府承诺和保障；

（二）未将合作项目协议中约定的财政支出事项足额纳入年度预算，或者未按照合作项目协议约定及时支付资金；

（三）未定期对合作项目建设、运营等情况进行监测分析和绩效评价；

（四）未按照规定建立合作项目档案；

（五）未按照本条例的规定公开合作项目相关信息。

第四十六条 政府有关部门工作人员在政府和社会资本合作工作中不依法履行职责、玩忽职守、滥用职权、徇私舞弊的，对负有责任的领导人员和直接责任人员依法给予处分；构成犯罪的，依法追究刑事责任。

第四十七条 社会资本方或者项目公司有下列情形之一的，由政府有关部门责令限期改正，处 20 万元以上 50 万元以下的罚款；有违法所得的，没收违法所得；构成犯罪的，依法追究刑事责任：

（一）项目公司从事与实施合作项目无关的经营活动；

（二）在合作项目实施中违反法律、行政法规、规章、技术规范、强制性标准；

（三）将合作项目的设施、土地使用权、项目收益权和融资款项用于实施合作项目以外的用途，或者以上述资产为他人债务提供担保；

（四）合作项目争议解决期间，擅自中断公共服务的提供；

（五）未妥善保管合作项目投资、建设、运营等方面的有关资料或者未按照规定向政府有关部门移交有关资料。

对前款规定的情形，有关法律、行政法规对其行政处罚另有规定的，依照其规定。

第四十八条 违反本条例规定，给他人造成损失的，依法承担赔偿责任。

第七章 附 则

第四十九条 采用政府和社会资本合作模式运营已有基础设施和公共服务项目的，适用本条例的有关规定。

第五十条 本条例自 年 月 日起施行。

关于《基础设施和公共服务领域政府和社会资本合作条例（征求意见稿）》的说明

为落实国务院关于加快推进政府和社会资本合作立法的部署和要求，国务院法制办会同国家发展改革委、财政部，在深入开展前期论证、听取有关方面意见、进行实地调研的基础上，研究起草了《基础设施和公共服务领域政府和社会资本合作条例（征求意见稿）》（本文下称征求意见稿）。现就有关问题说明如下。

一、立法的必要性

在基础设施和公共服务领域推进政府和社会资本合作，对于转变政府职能、激发市场活力、提升公共服务的质量和效率具有重要意义。近年来，我国基础设施和公共服务领域政府和社会资本合作模式快速推进，成效明显。与此同时，实践中推进政府和社会资本合作模式也存在一些亟待解决的突出问题，主要是：合作项目范围有泛化倾向，合作项目决策不够严谨、实施不够规范；社会资本方顾虑较多，特别是民营资本总体参与度不高；相关管理制度措施存在"政出多门"等。针对上述问题，为规范基础设施和公共服务领域政府和社会资本合作，保障公共利益和社会资本方的合法权益，提高公共服务供给的质量和效率，促进经济社会持续健康发展，有必要制定专门的行政法规。2016年7月7日国务院常务会议明确要求加快政府和社会资本合作（PPP）立法工作进度，国务院2017年立法工作计划将此项立法列为全面深化改革急需的项目。

二、起草的主要思路

一是坚持问题导向。紧紧抓住政府和社会资本合作中存在的突出问题，有针对性地作出可操作性强、务实管用的制度安排，有效解决实际问题。

二是重在引导规范。充分发挥立法的引导和规范作用，把明确导向、稳定预期，规范行为、防控风险作为立法的重心，确保政府和社会资本合作积极稳妥推进，持续健康发展。

三是力求备而不繁。既要确立政府和社会资本合作各主要环节的基本制度规范，确保有所遵循，又要避免贪大求全，防止规定得过细过死，为行业和地方根据实际进行探索和改革留有空间，并发挥相关配套文件、操作指南、示范合同文本等的积极作用。

三、征求意见稿的主要内容

征求意见稿包括总则、合作项目的发起、合作项目的实施、监督管理、争议解决、法律责任和附则 7 章，共 50 条。主要规定了以下内容。

（一）关于调整对象

根据我国推进政府和社会资本合作的实际情况，并借鉴其他国家和地区 PPP 立法经验，征求意见稿规定：本条例所称基础设施和公共服务领域政府和社会资本合作，是指政府采用竞争性方式选择社会资本方，双方订立协议明确各自的权利和义务，由社会资本方负责基础设施和公共服务项目的投资、建设、运营，并通过使用者付费、政府付费、政府提供补助等方式获得合理收益的活动（第二条第一款）。为了加强规范引导，避免政府和社会资本合作模式泛化，征求意见稿明确规定了可以采用政府和社会资本合作模式的基础设施和公共服务项目的条件，包括政府负有提供责任、需求长期稳定、适宜由社会资本方承担等，并规定国务院有关部门制定可以采用政府和社会资本合作模式的项目指导目录，并适时调整（第三条）。

（二）关于管理体制

政府和社会资本合作涉及发展改革委、财政部以及有关行业主管部门等多个部门和地方政府的职责。征求意见稿规定：国务院有关部门在各自的职责范围内，负责政府和社会资本合作的指导和监督；政府和社会资本合作的综合性管理措施，由国务院有关部门共同制定（第七条第一款、第二款）。县级以上地方人民政府应当加强对本地区政府和社会资本合作工作的组织领导和统筹协调；县级以上地方人民政府有关部门依照本条例和本级政府确定的职责分工，负责本地区合作项目的组织实施和监督管理（第八条）。为加强国务院层面对政府和社会资本合作工作的统筹协调，在总结地方政府建立政府和社会资本合作工作协调机制经验的基础上，征求意见稿规定：国务院建立政府和社会资本合作工作协调机制，及时协调、解决政府和社会资本合作工作中的重大问题（第七条第三款）。

（三）关于合作项目的发起

为保证合作项目的正确决策，为合作项目顺利实施打下良好基础，需要从源头上对合作项目的发起进行规范。对此，征求意见稿作了三个方面的规定：一是明确合作项目发起的主体和依据。规定县级以上人民政府有关主管部门根据经济社会发展需要、社会公众对公共服务的需求、相关发展建设规划以及征求意见稿第三条的规定，在组织开展前期论证的基础上，可以提出拟采用政府和社会资本合作模式的基础设施和公共服务项目（第九条第一款）。二是规范合作项目实施方案的拟订。规定对拟采用政府和社会资本合作模式的基础设施和公共服务项目，有关主管部门应当拟订合作项目实施方案，合作项目实施方案应当包括合作项目建设运营内容及标准、运作方式、预期产出、合作项目期限、社会资本方回报机制、政府和社会资本方的风险分担、合作项目期限届满后项目资产的处置等内容（第十条第一款）；有关主管部门拟订合作项目实施方案，应当征求潜在社会资本方的意见，并从经济效益、社会效益等方面对采用政府和社会资本合作模式的必要性、合理性组织开展评估；涉及政府付费、政府提供补助或者补偿以及政府分担风险等财政支出事项的，应当提请同级财政部门进行财政承受能力评估（第十条第二款、第十一条第一款）。三是规范合作项目实施方案的审核和公布。规定合作项目实施方案应当报经本级人民政府审核同意，并由有关主管部门向社会公布（第十二条）。

（四）关于合作项目的实施

为严格规范合作项目的实施，征求意见稿从以下几个方面作了规定：一是规范社会资本方的选择，规定政府实施机构应当通过招标、竞争性谈判等竞争性方式选择社会资本方，并将选定的社会资本方向社会公示（第十三条第一款）。二是规范项目合作协议，规定政府实施机构与其选定的社会资本方或者项目公司应当签订合作项目协议，并明确规定了合作项目协议应当载明的事项（第十四条、第十五条）。除法律、行政法规另有规定外，合作项目的期限一般不低于10年，最长不超过30年（第十六条）；合作项目协议中不得约定由政府回购社会资本方投资本金或者承担社会资本方投资本金的损失，不得约定社会资本方的最低收益以及由政府为合作项目融资提供担保（第十八条）。三是规范项目公司活动、股权转让及项目资产的用途，规定项目公司不得从事与合作项目实施无关的经营活动（第十四条第二款）；合作项目的设施、设备以及土地使用权、项目收益权和融资款项不得用于实施合作项目以外的用途，禁止以上述资产为他人提供担保（第十九条）；社会资本方在合作项目建设期内不得转让其持有的项目公司股权，合作项目运营期内，在不影响公共服务提供的稳定性和持续性的前提下，经政府实施机构报本级人民政府同意，社会资本方可以转让其持有的项目公司股权（第二十六条）。四是规范合作项目协议的变更和提前终止，规定项目合作期限内不得随意变更合作项目协议内容，确需变更的应当由协议双方协商一致，并公示变更事由及内容，经本级人民政府批准后签订补充协议；变更内容涉及财政支出事项变动、价格调整的，应当先经相关部门审核同意并履行规定程序（第二十五条）；出现合作项目协议约定的提前终止协议情形，或者因不可抗力导致合作项目协议无法继续履行、因社会资本方严重违约危害公共利益以及依法征收、征用合作项目财产的，可以提前终止合作项目协议（第二十七条第一款）。五是规范项目资产的移交，规定合作项目期限届满按照约定需要进行项目资产移交的，政府实施机构应当根据法律、行政法规和合作项目协议约定，对设施、设备和其他财产的状况进行检查评估；因社会资本方原因致使设施、设备和其他财产的价值非正常减损或者使用寿命减少的，应当根据合作项目协议约定，相应扣减社会资本方的收益或者由社会资本方以其他方式补偿（第二十八条）。

征求意见稿关于合作项目实施的规定体现了两个导向：一是落实简政放权、放管结合、优化服务的要求。征求意见稿规定：对实施合作项目依法需要办理的行政审批等相关手续，有关部门应当及时办理，对参与合作项目实施方案联合评审时已经出具审查意见的事项，不再重复审查（第二十二条第二款）；实施合作项目所需的建设工程、设备和原材料等货物以及相关服务，社会资本方依法能够自行建设、生产或者提供，且在选择社会资本方时已经作为评审因素予以充分考虑的，可以由社会资本方自行建设、生产或者提供（第二十四条）。二是强调守信践诺、严格履行合作项目协议，特别是严格约束政府行为，着力消除社会资本方特别是民营资本的后顾之忧。征求意见稿在规定政府和社会资本方应当守信践诺，全面履行合作项目协议约定的义务（第二十条）的同时，针对实践中社会资本方普遍担心的能否受到公平对待、合理回报有无保障以及政府随意改变约定、"新官不理旧账"等问题，明确规定：国家保障各种所有制形式的社会资本方依法平等参与政府和社会资本合作项目；任何单位和个人不得排斥或者限制非公有制社会资本方依法参与合作项目（第六条）；政府实施机构应当按照保证各种所有制形式的社会资本方平等参与的原则，合理设置社会资本方的资质、条件以及招标、竞争性谈判等的评审标准（第十三条第二款）；合作项目协议的履行，不受行政区划调整、政府换届、政府有关部门机构或者职能调整以及负责人变更的影响（第二十条第二款）；对合作项目协议中约定的财政支出事项，应当足额纳入年度预算，按照规定程序批准后，及时支付资金（第二十一条）；政府有关部门应当履行合作项目协议中的相关政府承诺和保障，并为社会资本方实施合作项目提供便利（第二十二条第一款）；因依法征收、征用合作项目财产导致合作项目提前终止的，应当按照国家有关规定给予社会资本方合理补偿（第二十七条第二款）。

（五）关于监督管理

合作项目的实施直接关系公共利益，必须强化监督管理。对此，征求意见稿从三个方面作了规定：一是规定了县级以上人民政府有关部门的监督管理职责，包括：加强对合作项目实施中执行有关法律、行政法规、强制性标准、技术规范情况的监督检查；定期对合作项目建设、运营等情况进行监测分析和绩效评价，建立根据绩效评价结果对价格或者财政补助进行调整的机制；建立合作项目档案；依法公开合作项目的相关信息；记录社会资本方、中介机构、项目公司及其从业人员的失信行为并纳入全国统一的信用信息共享交换平台；制定并及时启动合作项目突发事件应急预案；在合作项目协议提前终止时采取有效措施，保证公共服务的正常提供，必要时临时接管合作项目。二是规定了社会资本方的相关义务，包括按照规定向政府有关部门提供有关合作项目投资、建设、运营方面的数据、资料等信息；妥善保管合作项目投资、建设、运营等方面的有关资料并在合作项目期限届满或者提前终止时向政府有关部门移交，对政府有关部门临时接管合作项目给予必要的配合等。三是规定了社会公众有权对合作项目的发起和实施进行监督。（第四章）

（六）关于争议解决

根据合作项目的性质、特点，征求意见稿对合作项目争议规定了以下解决途径：一是协商解决，协商达成一致的，应当签订补充协议（第三十八条）；二是可以依法申请仲裁或者向人民法院提起诉讼（第四十条）；三是因合作项目协议中的专业技术问题发生争议的，协议双方可以共同聘请有关专家或者专业技术机构提出专业意见（第三十九条）；四是社会资本方认为政府有关部门作出的与合作项目的实施和监督管理有关的具体行政行为侵犯其合法权益的，有陈述、申辩的权利，并可以依法提起行政复议或者行政诉讼（第四十一条）。为确保公共服务的持续提供，征求意见稿还规定：合作项目争议解决期间，协议双方应当继续履行合作项目协议约定的义务，不得擅自中断公共服务的提供（第四十二条）。

此外，为严格责任追究，征求意见稿还对违反本条例规定应当承担的法律责任作了明确规定（第六章）。

政府和社会资本合作（PPP）
合同可仲裁性问题研究

一、我国关于 PPP 项目纠纷仲裁可行性问题的争议

当前，我国理论界和实务界，对于 PPP 项目引起的纠纷是否可以采用仲裁方式予以解决存在诸多争议。由《中华人民共和国仲裁法》（以下简称《仲裁法》）第二条可知，平等主体的公民、法人和其他组织之间发生的合同纠纷和其他财产权益纠纷，可以仲裁。因而关于是否可以采用仲裁方式解决 PPP 项目纠纷，各方争议的焦点在于：对 PPP 合同的定性不同。如果将 PPP 合同定性为民事合同，当然具有可仲裁性；若是将 PPP 合同定性为行政合同，则不具有可仲裁性。

从立法上看，当前我国并未出台法律法规对于 PPP 合同性质进行明确规定，散见于法律、部门规章的相关规定比较模糊混乱，甚至出现相互矛盾的情况。比如 2015 年 5 月 1 日起施行的《中华人民共和国行政诉讼法》（以下简称《行政诉讼法》）第十二条第（十一）项规定，对于公民、法人或者其他组织认为行政机关不依法履行、未按照约定履行或者违法变更、解除政府特许经营协议、土地房屋征收补偿协议等协议而提起诉讼的，人民法院应当受理。这一规定将 PPP 合同认定为行政合同。而 2015 年 5 月 22 日经国务院同意，由财政部、国家发展改革委、人民银行联合发布的《关于在公共服务领域推广政府和社会资本合作模式的指导意见》规定，对于 PPP 合同要树立

重诺履约的基本原则，即政府和社会资本法律地位平等、权利义务对等，必须树立契约理念，坚持平等协商、互利互惠、诚实守信、严格履约。这就意味着将 PPP 合同认定为平等主体之间订立的协议，即民事合同。

从理论上看，各位学者基于对 PPP 合同性质的不同判断，大致可以分为三个派别：第一派学者认为 PPP 项目协议是行政合同，发生的争议是行政协议纠纷，只能采用行政诉讼解决；第二派学者认为 PPP 项目协议是民事合同，发生的争议是民商事合同争议，可以采用民事诉讼或仲裁的方式解决；第三派学者认为 PPP 项目协议是带有行政法因素的民事合同，发生争议条款的性质如果是行政法律关系的性质，则要采用行政诉讼解决，如果是民商事法律关系的性质，则可以采用民事诉讼或仲裁的方式解决。

笔者认为，在我国尚未出台 PPP 合同示范性文本的情况下，的确在一些 PPP 项目协议中掺杂有具有行政法律关系性质的条款，但这并不影响 PPP 合同的民事属性，因而就现阶段来看第三派学者的观点更为全面与科学。但从发展趋势来看，随着我国 PPP 立法的完善，具有行政法律关系性质的条款最终会从 PPP 项目协议中剔除出去（特许经营类除外），使 PPP 项目协议成为纯粹的民事合同。

二、从现实主义视角看 PPP 项目纠纷采用仲裁方式的可行性

（一）理论可行性分析

从 PPP 项目协议性质上来看，当前大多数 PPP 项目协议既不是纯粹的行政合同，也不是纯粹的民事合同，而是带有行政法因素的民事合同。可以从以下两个方面理解。

第一，PPP 项目协议具有行政因素。曹珊律师认为，因为 PPP 项目协议的目的是在政府和社会资本之间建立长期合作关系，由社会资本提供更好的公共产品或服务，因此 PPP 项目关系公共利益的保障，所以 PPP 项目协议有着与一般民事合同不同的性质，在 PPP 项目协议的权利义务配置上，存在着

一种"行政优先权"。① 笔者经调查与研究发现，在当前国务院尚未出台 PPP 项目协议示范文本的情况下，许多 PPP 项目协议，尤其是涉及政府特许经营权的协议都包含有具有行政法律关系属性的条款，"政府部门保留了某些特别的权利，如监督、指挥合同的实际履行，单方变更、制裁对方的权利"。② 在 PPP 项目协议中，有些条款将法律赋予政府的行政权力予以重申和规定，在这些条款中，政府占据优势地位，在社会资本方履行合同的过程中，政府不仅仅可以根据法律赋予的行政权力进行监管，也可以根据 PPP 项目合作协议进行监管。因此，当前 PPP 项目协议具有行政因素。

第二，PPP 项目协议是具有行政因素的民事合同。首先，从性质上看，PPP 协议是政府以公法人的身份与平等的民事主体之间签订的一种民事合同。王泽鉴先生认为：政府从事私法行为（如向私人承租房屋、购买物品）时，因非基于公权力的地位，故属于私法行为。③ 该观点说明了在政府部门也可以从事民事行为，可以与其他主体签订民事协议。PPP 项目协议的最终形成，是政府部门和社会投资者双方协商一致的结果，其体现的契约自由也是民事法律关系的重要因素。其次，从实务角度看，政府部门规章及规定都明确了 PPP 项目协议的民事属性。①财政部《关于印发〈政府和社会资本合作模式操作指南（试行）〉的通知》中规定："在项目实施过程中，按照项目合同约定，项目实施机构、社会资本或项目公司可就发生争议且无法协商达成一致的事项，依法申请仲裁或提起民事诉讼。"②财政部下发的《政府和社会资本合作项目政府采购管理办法》第二十二条规定："项目实施机构和中标、成交社会资本在 PPP 项目合同履行中发生争议且无法协商一致的，可以依法申请仲裁或者提起民事诉讼。"③财政部《关于规范政府和社会资本合作合同管理工作的通知》规定："在 PPP 模式下，政府与社会资本是基于 PPP 项目合同的平等法律主体，双方法律地位平等、权利义务对等，应在充分协商、互利互惠的基础上订立合同，并依法平等地主张合同权利、履行合同义务。"

---

① 曹珊：《政府和社会资本合作（PPP）项目法律实务》，法律出版社 2016 年版，第 16 页。
② 应松年："行政合同不容忽视"，载《法制日报》，1997 年 6 月 9 日。
③ 王泽鉴：《民法总则》，中国政法大学出版社 2001 年版，第 13 页。

④国家发展改革委下发的《关于开展政府和社会资本合作的指导意见》中明确提及政府要从公共产品的直接"提供者"转变为社会资本的"合作者"，双方在平等协商、依法合规的基础上订立项目合同。

因此，PPP项目协议虽然有个别条款带有行政因素，但本质上仍为民事合同，如果发生争议的合同内容不带有行政因素，即不具有行政法律关系性质，应当采取民事诉讼与民事仲裁的方式解决纠纷。

（二）最高人民法院案例分析

案例一： 2003年，辉县市政府准备建设"新陵公路"，2004年9月15日，以辉县市新陵公路建设指挥部为甲方，以河南省万通路桥建设有限公司（新陵公司的主要投资人）为乙方，签订协议书，协议约定：由乙方出资设立的新陵公司承担项目投融资、建设及经营管理，经营年限按省人民政府批准为准，经营期满后交与辉县市交通行政部门等内容。另规定：违约方赔偿另一方的经济损失。2007年新陵公司完成了公路的修建工作，并取得了河南省发展改革委颁发的《收费许可证》，后由于辉县市政府没有履行"路段两端的接线等相关问题的协调工作"，致使新陵公司所修路桥为断头路，无法通行，使新陵公司的合同目的不能实现。

一审由新陵公司诉至河南省高院，要求辉县市人民政府回购项目并赔偿相关损失，被告辉县市人民政府认为该合同为行政合同、该案属于行政诉讼，提出管辖权异议。河南省高级人民法院经审理认为，2004年9月15日双方签订的协议书中对案涉道路建设的融资、收益及双方责任、违约责任等事项的约定是作为平等民事主体的当事人之间权利义务关系的约定，新陵公司因履行该合同产生纠纷向该院提起诉讼，该院作为民事案件受理并不违反法律规定，驳回辉县市人民政府对该案管辖权提出的异议。

2015年5月30日，辉县市人民政府向最高人民法院上诉，认为河南省高级人民法院不应按民事案件标的额管辖规定立案受理，认为本案为行政诉讼案件，应当由新乡中院管辖。最高人民法院认为，本案是典型的BOT模式的政府特许经营协议，案涉合同的直接目的是建设新陵公路，而开发项目的主要目的为开发和经营新陵公路，设立新陵公路收费站，具有营利性质，并非提供向社会公众无偿开放的公共服务。虽然合同的一方当事人为辉县市政府，但合同相对人新陵公司在订立合同及决定合同内容等方面仍享有充分的意思自治，并不受单方行政行为的强制，合同内容包括了具体的权利义务及违约责任，均体现了双方当事人的平等、等价协商一致的合意。本案合同并未仅就行政审批或行政许可事项本身进行约定，合同涉及的相关行政审批和行政许可等其他内容，为合同履行行为之一，属于合同的组成部分，不能决定案涉合同的性质。从本案合同的目的、职责、主体、行为、内容等方面看，合同具有明显的民商事法律关系性质，应当定性为民商事合同，不属于《行政诉讼法》第十二条第（十一）项规定的情形，辉县市政府主张本案合同为行政合同及不能作为民事案件受理，没有法律依据。驳回上诉，维持原裁定。

由这个案例可以看出，辉县市人民政府和河南省万通路桥建设有限公司签订的 PPP 合同被最高人民法院定性为平等民事主体之间签订的民事合同，如果双方事先在协议中约定了仲裁条款，是可以进行民商事仲裁的。

案例二：赤湖镇政府作为合同当事人，就"漳浦赤湖污染集中控制区（五金园区）电镀废水处理厂 BOT 项目"签订污水处理特许项目协议，特许项目协议在第二十六条第 26.3 款约定："甲方不得采取任何违反法律法规和本协议约定以外的行动影响乙方及项目公司对本项目的建设和运营管理。如果出现这种影响，甲方同意补偿甲方的影响而造成的任何直接损失，但为了公共安全和健康的紧急情况而采取措施除外。"该特许协议第三十七条还约定，发生争议应当通过运营协调委员会协商解决，未能解决的，应提交厦门仲裁委员会仲裁。中环公司 2009 年 10 月 28 日凌晨堵塞污水处理厂进水管道，停止污水处理设施的运行。2009 年 10 月 28 日，漳浦县环保局向中环公司发出《环境违法行为限期改正通知书》（浦环限改字〔2009〕09 号），针对中环公司"未经环境保护主管部门批准擅自闲置水污染物处理设施"，要求其于当日 18 时之前改正违法行为，但中环公司拒绝落实整改，未按要求恢复污水处理设施的运行。考虑到中环公司的行为可能导致重大环境污染事故，漳浦县环保局于 2009 年 10 月 29 日向中环公司发出《关于确保五金园区污水处理厂正常运行的紧急通知》（浦环〔2009〕90 号），并要求赤湖镇政府应立即采取应急措施，建议在非常时期按有关规定对电镀污水处理厂实行暂时接管，及时恢复污水处理设施的正常运行，确保电镀污水达标排放。其后，漳浦县赤湖镇人民政府"临时接管"中环公司的污水处理厂，并成立了"五金园区污水处理厂临时接管运营委员会"进行运营；2009 年 10 月 29 日，漳浦县环保局发文给赤湖镇人民政府，认定 2009 年 10 月 29 日污水处理厂发生污水外溢事故责任在中环公司，并要求赤湖镇人民政府"临时接管"污水处理厂。

民事一审由中环公司诉至福建省漳州市中院民事庭，要求赤湖镇政府、漳浦县环保局、闵发公司等 8 家公司停止侵权、返还财产、赔偿损失，福建省漳州市中级人民法院经审理认为中环公司未依法事先经过县环保局的批准，堵塞废水处理厂进水管道，停止废水处理设施的运行，势必导致未经处理的污水溢流出调节池，污染周围环境，危及公共安全，影响企业生产秩序，在漳浦县环保局向中环公司发出《环境违法行为限期改正通知书》后仍未予改正的情况下，赤湖镇政府采取应急措施予以强行暂时接管，系行政机关在行政管理过程中，为履行制止违法行为、避免危害发生、控制危险扩大的法定职责，而对法人的财物实施暂时性控制的行政强制措施。至于《项目特许经营权协议》关于赤湖镇政府为了公共安全和健康的紧急情况可以对项目的建设和运营管理采取措施的约定，体现了双方法律关系主体的不平等性，其内容已超出了平等民事合同主体的权利义务范围，具有行政合同的性质。综上，本案不属于人民法院受理民事诉讼的范围。

二审由中环公司诉至福建省高级人民法院，福建省高级人民法院认定特许项目协议相关条款的性质为行政合同，维持一审裁定。

再审由中环公司上诉至最高人民法院，认为本案是民事合同纠纷，要求撤销一审、二审裁定，赤湖镇政府、漳浦县环保局、闵发公司等 8 家公司停止侵权、返还财产、赔偿损失。最高人民法院认为，二审裁定认定特许项目协议相关条款的性质为行政合同、二审裁定认定本案不属于侵权责任纠纷不存在错误之处，故驳回中环公司的再审申请。

由这个案例可以看出，赤湖镇政府与中环公司签订的 PPP 合同的相关争议条款被最高人民法院定性为行政合同，双方虽事先约定了仲裁条款，最终也并不能适用。

通过对以上两个最高人民法院案例的对比分析会发现，同样是 PPP 合同，一个被认定为民事合同，一个被认定为行政合同，似乎存在矛盾。但值得注意的是，在第二个案例中，最高人民法院认为"特许项目协议相关条款"的性质为行政合同，而不是"特许项目协议"的性质为行政合同。在第一个案例中，最高人民法院之所以认定是民事纠纷，驳回辉县市政府的请求，主要是由于诉讼争议并未涉及 PPP 项目合作协议中的行政因素；而在第二个案例中，之所以法院会认为是行政纠纷，驳回中环公司的请求，主要是由于诉讼争议涉及了 PPP 项目合作协议中的行政因素。

综上，笔者认为，我们不能武断地将 PPP 项目合作协议认定为行政合同，进而错误地认为 PPP 项目合作协议纠纷不具有可仲裁性。而要将 PPP 项目合作协议认定为具有行政因素的民事合同，从判断争议条款的性质入手来分析 PPP 项目合作协议纠纷的可仲裁性：如果该争议条款的性质是民商事法律关系的性质，在此法律关系中，政府与社会资本方的法律地位是平等的，则该纠纷是可以申请仲裁的；如果该争议条款的性质是行政法律关系的性质，在此法律关系中，政府占据优势主导地位，其行为具有明显的公权力属性，则政府与社会资本方法律地位不平等，该纠纷不可以申请仲裁。

（三）优越性分析

与其他方式相比，PPP 项目纠纷采用仲裁方式具有以下优点：①自愿性。提交仲裁须双方当事人自愿达成仲裁协议，当事人可以协商选择是否仲裁、由哪个机构仲裁、仲裁什么事项、仲裁员等。②公正性。PPP 项目协议内容庞杂且具有专业性，法官与 PPP 专家相比，在 PPP 的专业知识、实践经验方面都有所欠缺，这就导致在 PPP 相关诉讼的审理过程中，许多专业性的问题都要交给专家进行鉴定，可能会造成鉴定结果左右审判结果的情况，影响裁判的公正性。相反，用仲裁方式解决 PPP 项目的纠纷，由于仲裁没有级别管辖和地域管辖，不受行政机关、社会团体和个人的干涉，仲裁员（多为 PPP 专家）具有较高的专业水平和良好的道德素质，可以更好地保证裁决的公正公平。③及时性。仲裁实行一裁终局制度，仲裁裁决一旦作出即发生法律效力。仲裁程序比较灵活、简便，当事人可以协议选择仲裁程序，避免烦琐环节，及时解决争议。④经济性。PPP 项目都是持续时间比较长且涉及社会公共利益的项目，与传统诉讼方式相比，仲裁可以及时地解决争议，不仅可以减少当事人在时间和精力上的消耗、节省费用，而且可以减少双方的对抗性，保证 PPP 项目的顺利开展，维护公共利益。

三、从未来主义视角看 PPP 项目纠纷采用仲裁方式的可行性

当前，由于缺乏上位法的统一规定，各地签订的 PPP 项目合作协议的内容也不尽相同，但大多数 PPP 项目合作协议都包含有行政性内容，即个别条款将政府的行政权力在合同中予以重申与强调，笔者认为，这是导致对 PPP 项目合作协议的性质认定不清的根本原因。因此，随着 PPP 项目的广泛开展，国务院有必要尽快出台 PPP 项目协议示范文本，并且在示范文本中明确将关于政府行使行政权力的内容予以剔除，使 PPP 项目合作协议成为纯粹意义上的民事合同，从而使 PPP 项目纠纷在有约定的情况下可以理所当然地采用仲裁方式予以解决，理由主要有以下两点。

1. 政府监管权力的法定性

政府在 PPP 项目中扮演了双重角色，一方面是合同的当事人，另一方面也是 PPP 项目履行的监管者。政府的民事权利由双方在 PPP 项目合作协议中协商约定，即政府的民事权利由合同赋予；政府的监管权力由国家法律法规赋予，无论在合同中约定与否，政府的监管权力不会改变。如果仍在 PPP 项目合作协议中重申政府的监督权力，会使双方因为此条款发生争议时纠缠不清，不能确定是民事争议还是行政争议。比如在前文第二个案例中提到的赤湖镇政府与中环公司签订的特许项目协议第二十六条第 26.3款约定："甲方不得采取任何违反法律法规和本协议约定以外的行动影响乙方及项目公司对本项目的建设和运营管理。如果出现这种影响，甲方同意补偿甲方的影响而造成的任何直接损失，但为了公共安全和健康的紧急情

况而采取措施除外。"笔者认为，本条款中"但为了公共安全和健康的紧急情况而采取措施除外"的约定就没有必要。一来，即使没有约定，如果出现了危及公共安全和健康的紧急情况，政府也可以依据法律赋予的权力采用接手等方式进行监管；二来，正是由于将政府的这一法定权力在合同中予以重申，才使得双方当事人在纠纷发生后出现了扯皮现象，以至于为了将该纠纷认定为行政纠纷就经过了一审、二审、再审三次裁定，严重浪费司法资源，也浪费了当事人的时间与精力。因而，建议将政府的监督权力从 PPP 项目合作协议中剔除。

2. 有利于 PPP 项目的顺利开展

PPP 项目合作协议是政府方和社会资本方为了合作完成基础设施和公共服务产品，通过邀约、承诺、竞争性谈判等过程，签订的共同合作、共担风险、各尽义务、各享收益的合同。在 PPP 项目合作协议中，如果双方在合同中地位不平等，约定了许多政府的行政监管权，则会使作为主要投资人的社会资本方感到不公平，使 PPP 项目对社会资本方的吸引力下降，不利于 PPP 项目的顺利开展，也不利于 PPP 事业的长期推进。当前，要摒弃"一刀切"的简单思维模式，充分考虑发生争议条款的性质，如果是民事法律关系的性质，可依据双方约定向仲裁机构申请民商事仲裁；在未来，要将关于政府行使行政权力的内容从 PPP 项目合作协议中剔除，使 PPP 项目合作协议成为纯粹意义上的民事合同，并在 PPP 立法中明确规定 PPP 纠纷可以仲裁和诉讼，从而使所有的 PPP 项目合作协议纠纷都可以依据双方约定申请仲裁和诉讼，从而促进 PPP 事业的快速健康发展，保证政府和社会投资方长期公平合作。

四、做好 PPP 纠纷仲裁，是历史赋予仲裁机构，尤其是中心城市仲裁机构的历史使命

PPP 合同期限长、金额大、合同粗犷，矛盾的发生很难完全避免。且 PPP 合同专业性特别强，PPP 纠纷需要相应的专家来进行审理，而基于法院

人事制度的不灵活和待遇问题，PPP 纠纷处理的专家很难吸收到法院系统去，而中心城市、大城市的仲裁机构不同，专家主要来源于兼职，聘任专家的机制非常灵活，可以满足 PPP 纠纷对专业人才的需求，现实中，许多地方已经基于上述考虑在 PPP 合同中约定了仲裁条款，所以做好 PPP 纠纷仲裁，是历史赋予仲裁机构，尤其是中心城市仲裁机构的历史使命。

PPP 仲裁机构为地方经济
健康发展"保驾护航"

——以郑州仲裁委员会政府和社会
资本合作仲裁院为例

2014 年以来，政府与社会资本合作（PPP）模式在我国重点项目中得到大量的推广应用。与传统模式相比，PPP 模式具有复杂性强、难度高、工程标的额大、合作周期长等特点，为了高效快捷地服务 PPP 项目，做好 PPP 项目仲裁的宣传推介和仲裁工作，从中央到地方多家仲裁委员会成立了 PPP 仲裁机构，如北京仲裁委员会成立的 PPP 研究中心，中国国际经济贸易仲裁委员会成立的 PPP 仲裁中心。为了服务河南省 PPP 工作的大局，郑州仲裁委员会于 2017 年 5 月 17 日正式发布郑仲办〔2017〕12 号文件，宣布成立郑州仲裁委员会政府和社会资本合作仲裁院，笔者有幸被任命为副院长。作为郑州仲裁委员会 PPP 仲裁院设立的倡导人之一，笔者对 PPP 仲裁机构成立的重要意义感触颇深，本文就以郑州仲裁委员会 PPP 仲裁院为例，以点及面与大家探讨 PPP 仲裁机构对地方经济健康发展的重要意义。

一、郑州仲裁委员会政府和社会资本合作仲裁院成立的背景

（一）PPP 仲裁院为河南省经济发展撑起"保护伞"

河南省地处中原腹地，肩负国家中部崛起重任，在国家政策支持与自身不断努力下，近年迎来了巨大的发展机遇。国务院明确支持郑州建设国家中心城市，洛阳建设区域性中心城市；河南省政府大力推行百城提质建设，相关文件不断出台，确定首批市县名单；"一带一路"国际合作高峰论坛在北京召开，河南作为亚欧大陆桥上的枢纽，有望打造内陆开放型经济高地。要发展就要有投资，PPP 模式可以很好地解决政府融资困境，一方面有利于缩小政府投资规模，减轻政府财政压力，另一方面适应经济新常态的需求，契合国家经济发展思路，引导社会资金包括银行资金从虚有经济转向实体经济，在去除房地产库存的同时促进国家基础设施建设，满足人民群众日益增长的物质文化需求。因此，在当前及未来的很长一段时期，PPP 模式将成为河南省各地政府首选的融资模式。

与其他合同相比，PPP 项目合同具有期限长、金额大、合同粗犷的特征，在长达 10～30 年的合作期限中不可能不发生矛盾，且 PPP 合同专业性特别强，PPP 纠纷需要相应的专家来进行审理，相较于法院，郑州仲裁委 PPP 仲裁院聘任专家的机制更为灵活，可以吸纳河南省一大批 PPP 专家，能够满足 PPP 纠纷对专业人才的需求，可以为河南省 PPP 项目的健康发展保驾护航，以及为经济快速发展撑起"保护伞"。

（二）PPP 仲裁院为项目参与方送上"定心丸"

与诉讼方式相比，PPP 合同纠纷采用仲裁方式具有以下优点：①自愿性。提交仲裁须双方当事人自愿达成仲裁协议，当事人可以协商选择是否仲裁、由哪个机构仲裁、仲裁什么事项、仲裁员等。②公正性。一方面，从管辖权来看，如果双方不约定仲裁，则一般由项目合同实施地法院管辖，当政府为被告，管辖法院又为政府所在地法院时，对社会资本方而言较为不利，相较

而言，仲裁不受级别管辖和地域管辖限制，不受行政机关、社会团体和个人的干涉，裁决更具公正性；另一方面，从 PPP 项目合同的特征来看，PPP 项目合同内容庞杂且具有很强的专业性，法官与 PPP 专家相比，在 PPP 的专业知识、实践经验方面都有所欠缺，这就导致在 PPP 相关诉讼的审理过程中，许多专业性的问题都要交给专家进行鉴定，可能会造成鉴定结果左右审判结果的情况，影响裁判的公正性。相反，用仲裁方式解决 PPP 项目的纠纷，由于仲裁员（多为 PPP 专家）具有较高的专业水平和良好的道德素质，可以更好地保证裁决的公正公平。③及时性。仲裁实行一裁终局制度，仲裁裁决一旦作出即发生法律效力。仲裁程序比较灵活、简便，当事人可以协议选择仲裁程序，避免烦琐环节，及时解决争议。④经济性。PPP 项目都是持续时间比较长且涉及社会公共利益的项目，与传统诉讼方式相比，仲裁可以及时地解决争议，不仅可以减少当事人在时间和精力上的消耗、节省费用，而且可以减少双方的对抗性，保证 PPP 项目的顺利开展，维护公共利益。

郑州仲裁委 PPP 仲裁院肩负定纷止争的神圣使命，在 PPP 项目参与方需要时，及时履行职责，公平、高效、专业地解决纠纷，维护各个参与主体的合法权益，为项目参与方送上"定心丸"，保证 PPP 项目的顺利开展。

（三）PPP 仲裁院为学术研究搭好"交流台"

PPP 作为一种新的融资模式，涉的主体多、持续时间长、操作复杂，社会各界关于 PPP 的理论研究尚不成熟。从 PPP 项目的定义、性质、适用范围，PPP 项目管理体制、实施机构，PPP 税收问题，PPP 操作程序，PPP 项目中政府付费是否纳入地方债考核，是否在 PPP 项目中引入争议评审制度，PPP 项目退出等实操性问题，到是否制定 PPP 合同示范文本，如何完善 PPP 立法等法律性问题，学者的相关研究还处于初级甚至空白的阶段。郑州仲裁委 PPP 仲裁院将致力于为 PPP 专家学者搭建学术交流平台，使各位专家可以在这个平台上以实践为依托，开展广泛、深入、持续的学术交流活动，形成百家争鸣的局面，提升河南省 PPP 学术研究水平，为国家 PPP 理论研究事业发展贡献力量。

二、PPP 仲裁的事实及法律依据

PPP 协议的本质是政府和社会资本进行的合作，通过 PPP 模式，政府将由其独立控制的基础设施和公共服务市场有条件有序地向社会资本方开放，社会资本方通过投资基础设施和公共服务从而取得稳定长期的收益，除特许经营的特许情形外，更多地体现政府和社会资本的平等合作。同时，PPP 合同由股东合同、施工合同、融资合同、供货合同、保险合同等若干子合同构成，是个庞大的合同体系，更多的是民事主体之间的合同纠纷和财产纠纷，即便是特许经营类 PPP 合同也存在许多平等主体的财产争议，需要通过民事诉讼或仲裁予以解决。

仲裁的裁决依据是《仲裁法》。《仲裁法》第二条规定："平等主体的公民、法人和其他组织之间发生的合同纠纷和其他财产权益纠纷，可以仲裁。"仲裁裁决的执行依据是《仲裁法》第六十二条和《中华人民共和国民事诉讼法》（以下简称《民事诉讼法》）第二百三十七条。《仲裁法》第六十二条规定："当事人应当履行裁决。一方当事人不履行的，另一方当事人可以依照民事诉讼法的有关规定向人民法院申请执行。受申请的人民法院应当执行。"《民事诉讼法》第二百三十七条规定："对依法设立的仲裁机构的裁决，一方当事人不履行的，对方当事人可以向有管辖权的人民法院申请执行。受申请的人民法院应当执行。"所以，仲裁裁决同人民法院的判决书、调解书一样可以直接作为强制执行依据。

三、如何将 PPP 纠纷交由郑州仲裁委员会政府和社会资本合作仲裁院处理？

PPP 仲裁必须有仲裁条款或者仲裁协议，当事人可以约定将合同纠纷争议交由郑州仲裁委员会政府和社会资本合作仲裁院裁决，当事人之间也可以达成补充仲裁协议约定对原来没有约定仲裁的 PPP 纠纷进行仲裁。

情况一：在 PPP 框架协议、PPP 合同、股东协议等争议解决条款中约定仲裁条款："凡因本合同引起的或与本合同有关的一切争议，提交郑州仲裁委员会政府和社会资本合作仲裁院按郑州仲裁委员会仲裁规则进行仲裁。"

情况二：达成补充仲裁协议："我们双方经过协商，同意就×年×月×日订立的××，达成如下仲裁协议：一、凡因上述合同引起的或与上述合同有关的一切争议，提交郑州仲裁委员会政府和社会资本合作仲裁院按照该会仲裁规则进行仲裁。二、如本协议与上述合同中解决争议的条款有不符之处，以本协议为准。"

管理篇

PPP 项目推进过程中存在的
主要问题及建议

2017 年是 PPP 迅猛发展的一年，各地 PPP 项目在如火如荼地推进，笔者在实务中发现 PPP 项目在推进过程中确实存在着诸多问题，现将这些共性问题汇总如下。

一、咨询机构采购不规范

多个地市 PPP 项目咨询机构采购工作出现不规范的情况，这里面比较突出的问题有：个别地方政府直接通过询价的方式来确定咨询机构，而不遵循规范的政府采购程序。笔者认为这种做法没有法律依据，原来适用的采购入围咨询机构的背景早已改变。个别地方政府主管工作人员认为不必遵循政府采购程序进行公开招标，可以直接通过询价的方式来确定咨询机构。

建议：发文规范 PPP 咨询公司采购，纠正地方政府的错误认识，规范 PPP 咨询采购，PPP 咨询采购一律通过规范的政府采购来进行。

二、项目前期手续缺失和不规范

PPP 项目和其他项目一样，需要立项手续，涉及环境问题的要有环境评价，涉及用地的要经过相应的用地预审和办理用地手续，涉及调整规划的要有规划。但是我们发现许多地方政府上述手续全部缺失或部分缺失，未批先建现象频发。

建议：省财政、发展改革、规划、土地、环保等部门要联合发文规范 PPP 项目的前期手续。

三、政府出资不规范

政府在 PPP 项目中通常要出资，政府出资要列入 PPP 财承评价，即出资是地方政府财政的义务。现在很多地方政府授权国有融资平台出资后就没有了下文，政府出资演变成了地方政府融资平台出资，而融资平台资金来源于举债，形成了地方政府又一违规举债通道。

建议：在今后的 PPP 工作和地方债务检查中对此内容列入专项检查范围，纠正上述问题。

四、社会资本金出资不规范，空手套白狼

PPP 项目现在的一个突出问题是社会资本方空手套白狼，无限放大杠杆，这个问题财政部已经充分认识到并在 92 号文件中规定予以禁止：未按合同约定落实项目债权融资的；违反相关法律和政策规定，未按时足额缴纳项目资本金、以债务性资金充当资本金或由第三方代持社会资本方股份的要予以清理出库。

建议：在今后的项目入库、清理入库评审中作为一个专门条件。

五、没有与政府脱钩的政府融资平台作社会资本方

按照财政部的规定，没有与政府彻底脱钩，独立运营的国有融资平台不得作为 PPP 项目的社会资本方，但是有些地方政府以自己的融资平台作为社

会资本方，不仅违背了财政部的规定，而且通过 PPP 违规举债，是地方政府违规举债的又一个变种。

建议：各地政府要把该问题作为一个专门问题安排在 PPP 工作的督导检查中，发现一起查处一起。

六、采购程序不规范

PPP 采购目前是依照政府采购来进行的，按照《政府采购法》及其实施条例、《招标投标法》及其实施条例、《政府采购非招标采购方式管理办法》（财政部〔2013〕74 号令）的规定，涉及工程类的，"两标合一标"的不采用公开招标要履行相应的批准程序。

建议：组织专家加强 PPP 项目采购的法律法规培训，规范 PPP 项目的采购程序。

七、物有所值评价不规范

PPP 项目的物有所值评价是项目识别的重要内容，财政部对 PPP 项目的物有所值有专门的规定。问题是现在有的地方政府对物有所值评价流于形式，甚至有的项目就没有进行评价，有的评价根本没有行业内的法律专家、财务专家参加，只是自己随便找几个人开个会，有的甚至是找几个熟悉的专家搞人情评价。

建议：在项目入库和项目清理入库中把规范的物有所值评价作为重要条件，不符合的不得入库和清理出库。另外加强规范 PPP 物有所值培训，帮助地方政府提高物有所值评价的合规性。

八、财政评价不规范

部分项目财政评价不规范和违规也是 PPP 项目的一个突出问题，主要有以下三种表现形式：首先是应当列入财评范围的政府支出不列入；其次是虚增财政增长率；最后是滥用基金预算企图绕开 10% 红线。

建议：除了在项目入库和清理中严格审核外，还要加强对财政评审工作的指导和检查，发现违规严肃处理。

九、借 PPP 合同之名，行借款合同之实

在工作中还发现有的 PPP 合同之后还隐有基金安排，表面上是双方签有 PPP 合同，但是双方真正履行的却是背后的基金合同，基金合同约定有政府的回购期限、回报率、担保措施。这分明就是借款合同。

建议：PPP 检查督导要全面深入，对合同上指引补充协议的要检查补充协议，一查到底，严格追责。

十、政府担保

政府担保在 PPP 合同中是禁止的。有的 PPP 合同却有政府担保或政府融资平台担保，这是绝对要禁止的。

十一、固化政府支出

PPP 是基础设施和公共服务的一种创新提供模式，但是很多项目做成了拉长的建设—移交，就是经审计后的建设费用直接分摊到若干年份，固化政府支出。

建议：禁止对 PPP 政府付费没有设置绩效考核机制的项目入库。

十二、没有运营或假运营，运营虚化

运营是持续供应公共服务和产品的重要表现，也是 PPP 项目的核心。但

有些项目没有运营或运营虚化，有些 PPP 合同专门设有对运营回购或转让的条款，明显的就是没有运营或假运营。

建议：在项目入库和项目清理、工作督导中要重点检查运营条款，防止假运营和运营虚化的问题。

十三、实施方案与 PPP 合同不一致

PPP 实施方案是 PPP 项目的宪法性文件，PPP 合同必须和方案的主要规定相一致。工作中发现有的咨询机构或实施机构在起草合同时直接改变了实施方案，这是违背原则的问题。如果必须修改，也需要对实施方案做相应的调整。

十四、PPP 合同条款粗犷，大量的权利义务留到补充合同规定

实践中发现有些项目的 PPP 合同条款非常粗犷，不具有可操作性，大量的权利义务需要通过补充协议来约定。PPP 合同是需要政府批准才能生效实施的，PPP 补充协议也需要在政府平台上予以公示，未经政府批准不具有法律效力。

多方联动共促 PPP 模式持续健康发展

——"2017 第三届中国 PPP 融资论坛"释放的信号

2017 年 11 月 1—2 日,"2017 第三届中国 PPP 融资论坛"在上海国际会议中心举行,本届论坛的主题是"新理念、新思想、新动能,打造 PPP 合作命运共同体"。这是党的十九大后由财政部政府和社会资本合作中心、上海金融业联合会共同举办的 PPP 盛会,释放了 PPP 新的发展信号。

自 2014 年中央大力推广 PPP 模式以来,PPP 项目在各地呈现爆发式增长。PPP 模式促使一批转型发展和民生保障项目落地,还促进了行政体制、财政体制和投融资体制改革,减轻了地方政府的债务压力,但 PPP 的迅猛发展也带来了不少问题,官方在本届 PPP 融资论坛上并不回避。

史耀斌副部长、焦小平主任、王毅司长在会上介绍完 PPP 改革成绩后都强调,PPP 改革实践中存在一系列问题亟待解决:一些地方政府对新发展理念贯彻还不到位,特别是把 PPP 模式简单化作为政府的一种投融资手段,产生了风险分配不合理、明股实债、政府变相兜底,重建设轻运营、绩效考核不完善,社会资本融资杠杆倍数过高等泛化异化问题。本次会议后,国家必将对这些隐性风险进行反应,多方联动、多措并举地促进 PPP 模式持续健康发展。

一、国家将加强监管,实现从关注数量向关注质量的转变

根据财政部 PPP 中心的数据,2015 年年底各地推出进入全国 PPP 综合信

息平台项目库的 PPP 项目共 6550 个，计划总投资额 8.7 万亿元。2016 年这两个数据分别增长至 11 260 个和 13.5 万亿元，截至 2017 年 9 月底，项目数合计 14 220 个，计划投资额高达 17.8 万亿元，PPP 呈现爆发式增长。为了使 PPP 项目在"高产"的同时实现"高质"，一系列旨在规范 PPP 发展的监管风暴即将刮起。

（1）将组织开展项目库集中清理，实现财政部 PPP 项目库能进能出，对不具备条件、没有规范开展"两个论证"（物有所值和财政可承受能力）的项目，特别是不具备公共产品属性、资本金不到位或资本金穿透后不是自有资金、没有建立长期按效付费机制，以及过度依赖政府付费的项目，要予以剔除。

（2）强化财政承受能力论证 10% 红线的硬性约束，统一执行口径，加强信息公开。各地都将建立 PPP 项目财政支出责任统计监测体系，中央财政和省级财政将对接近或超出 10% 红线的地区，进行风险预警。

（3）完善配套政策。首先，国家将在充分听取社会各界意见的基础上尽快出台 PPP 条例，为 PPP 事业的规范运作提供充分的法律保障；其次，财政部政府和社会资本合作中心主任焦小平明确提出，PPP 项目合同中，虽然一方主体是政府，且以实现公共利益为根本目的，具有一定行政因素，但 PPP 项目合同本质是民商事合同，引入仲裁机制对于完善 PPP 争议解决机制具有重要意义；最后，如何完善税收政策避免重复征税，土地是实行"招拍挂"还是划拨，价格调整机制如何完善等问题，都将在实践中进一步规范。

二、地方政府必须转变思想，实现从关注速度到关注规范运作的转变

随着财政部等六部委《关于进一步规范地方政府举债融资行为的通知》（财预〔2017〕50 号）、财政部《关于坚决制止地方以政府购买服务名义违法违规融资的通知》（财预〔2017〕87 号）的相继出台，地方政府都意识到以政府购买服务的方式进行基础设施建设的违法性，一些地区转而出现了一哄而上、大干快上 PPP 项目的苗头，本次会议强调，地方政府必须转变思想，实现从关注速度到关注规范运作的转变。

1. 不仅要重视融资对经济增长的拉动，更要重视长效机制的塑造

一方面，政府工作人员要加强学习，深入了解 PPP 的运作原理，不能仅仅将 PPP 模式视为解决地方政府债务危机的救命稻草，绝不能通过保底承诺、回购安排、固定回报等方式承担兜底责任，重视长期风险的防范；另一方面，地方政府要设立专门的 PPP 管理机构，加强对本区域 PPP 项目的全流程监管，探索并塑造本区域 PPP 长效规范机制。

2. 审慎开展完全政府付费项目

一方面，大多数政府付费型 PPP 项目的主要特征是均为无现金流的公益性资产、只存在最基本的简单养护工作、不需要精细化的运营工作，是地方政府为解决可用财力与基础设施投资矛盾的产物。随着政府融资体制的理顺，规范化的融资渠道逐渐畅通，政府直接融资的成本比采取 PPP 模式更低，地方政府已失去推出单一类型、建设属性强的纯政府付费型 PPP 项目的动力；另一方面，即使政府还有部分推出的纯付费项目，也因逐渐见顶的财政承受能力及下行的收益率，社会资本方参与的动力不断减弱等原因在逐步减少。因此，地方政府应更多地推行使用者付费项目、行政性缺口补助项目，降低 PPP 项目对政府付费的依赖。

三、社会资本方必须重视运营，实现从关注短期效益向关注中长期效益的转变

此前，多地 PPP 项目存在"项目建好就拿钱，项目落地就走人"的现象，项目公司只注重短期利益而忽视了长期运营，有的社会资本方甚至通过虚增工程造价赚取短期暴利，完全忽视项目运营，在这种情况下，社会资本难以分担长期的风险，PPP 这个好的机制也难以发挥应有的作用。本次论坛对于一些社会资本方存在的重视建设、忽视运营，重视短期效益、忽视中长期效益的现象也予以了关注。

（1）论坛提出，必须解决社会资本融资杠杆倍数过高等泛化、异化问题。任何投资项目、任何金融活动，都需自己投入一定的自有资金，再进行适度的融资，这是所有经济活动的准则，也是 PPP 项目应当守住的底线。财

政部史耀斌在论坛上表示，控制实体企业融资杠杆倍数，严防表外业务风险。王毅司长也在论坛上称，不少社会资本自有资金实力不足，"穿透"看（PPP项目）资本金都是借款，"小马拉大车"从长期来看存在较大风险。政府和合作伙伴一定要掏出真金白银，拿自有资本做资本金。

（2）实现从主要由央企和国企参与到鼓励民企参与的转变。目前 PPP 项目社会资本方近七成来自中央企业和国有企业。PPP 项目投资金额大、回报期长、部分项目操作不规范、大量资产负债表外运行等，加大了央企和国企财务风险。本次论坛召开前，国资委办公厅下发《关于加强中央企业 PPP 业务财务风险管控的通知（征求意见稿）》，要求央企对 PPP 业务实行总量管控。未来央企投资 PPP 的趋势将会收紧，这不仅有助于 PPP 的规范，更有利于民营资本的参与。

本次 PPP 融资论坛为我们指明了今后 PPP 事业的发展方向，各方主体应敏锐捕捉本次论坛释放的新信号，减少自身参与风险，保证我国 PPP 事业的持续健康发展。

论 PPP 项目的规范管理

财政部印发的《政府和社会资本合作项目财政管理暂行办法》（财金〔2016〕92号，本文下称财政部92号文件）出台之前，依照财政部的部署，多地事实上已经暂停了 PPP 项目入库工作。财政部92号文件出台以后，根据《预算法》等法律法规以及财政部92号文件的规定，各地开始 PPP 项目的排查工作，整改、清库等成为地方 PPP 2018 年开年工作的关键词。以河南省为例，河南省财政厅结合本省实际制定了河南省 PPP 项目入库的管理规定，以及清理已入库项目的方案。新的项目申请入库均按新的入库规定执行，已入库项目各地按照方案的要求采取省、市、县（区）三级负责，对全部项目进行自查、整改、验收。不能通过验收的一律清理出库。新的入库规定和清库规定理念和以前规定具体操作上都有质的区别，为了更好地帮助大家了解地方规范 PPP 的相关政策，吸引更多的社会资本和有识之士参与 PPP 事业，帮助地方政府准确把握新规的实质，防止过度解读带来的冲击和走偏，笔者与大家探讨一下今后 PPP 项目规范管理的几个关键问题。

一、PPP 在地方经济发展中具有重要地位

解决基础设施和公共服务供应的不协调、不匹配、不充分等问题，加大基础设施建设和公共服务的高效、协调、快速提供是供给侧结构性改革的重要内容。PPP 可以有效引导社会资金投资于基础设施和公共服务领域，实现

基础设施建设和公共服务的高效、协调、快速提供，同时 PPP 可以有效实现财政资金和社会资金的合理配置和高效使用，鼓励新产品、新工艺、新管理手段的综合运用，具有创新驱动属性。各地充分重视 PPP 工作，把 PPP 工作作为完成供给侧结构性改革任务和创新驱动的重要抓手，同时，正在推行的百城提质建设和供给侧结构性改革一脉相承，PPP 也是百城提质建设的重要手段。

二、各省 PPP 项目库管理应遵循的几个基本原则

1. 对 PPP 项目的鼓励原则

各省十分重视 PPP 工作，以河南省为例，省委省政府专门发文件明确对 PPP 工作的指导和支持，成立了河南省 PPP 工作领导小组，从顶层设计上加强对 PPP 工作的领导。并成立了 PPP 的专门管理机构——PPP 管理中心（隶属于财政厅），出资设立了支持引导 PPP 建设的中原豫资投资控股集团有限公司，从资本角度支持引导 PPP 项目建设，目前河南省及其他省份对 PPP 工作的鼓励原则并没有削弱。

2. 规范与发展并举的原则

PPP 工作在蓬勃发展的同时也存在异化问题，必须对 PPP 异化问题加以严肃整治，回归 PPP 本源。为防止 PPP 工作出现太大波动，造成对 PPP 事业不必要的冲击和损失，要坚持规范和发展并举原则，不宜过度解读财政部 92 号文件。

3. 积极稳妥化解地方债的原则

一方面要对利用 PPP 违规举债行为进行严肃追责，另一方面，在具体项目问题的处理上要制定科学合理的预案，防范因项目紧急叫停带来的破坏性影响。

4. 根据地域情况区别对待，突出重点管理的原则

要重点关注 PPP 项目实施比较多、地方债比较高的地区，对在这些区域实施的 PPP 项目要进行严格把关。对项目少、财政形势比较好的地区要加强指导，规范 PPP 项目的运作。

5. 新旧项目区别对待原则

对已落地 PPP 项目要对照标准做好整改工作，新 PPP 项目要坚决规范。

三、PPP 项目库管理政策执行中需明确的几个问题

1. 如何使 PPP 回归本源？如何辨别真假 PPP 项目？

要使 PPP 回归本源，首先必须正确认识 PPP 的本源。过去实践中出现的 PPP 模式走偏甚至衍化成为地方政府新的举债工具的现象，客观上也是对 PPP 本源认识不清造成的。PPP 本质上是一种创新性的公共产品和服务的提供模式，而不是融资手段，强调的是政府与社会资本在公共产品和服务领域的合作，使公共产品和服务的提供主体由政府转变为政府与社会资本。政府不必再通过举债来向社会提供公共产品和服务，改由政府与社会资本共同向社会提供，社会资本在向社会提供公共产品和服务的过程中，所得到的是提供公共产品和服务本身所带来的收益，而非资金融资收益。现在很多 PPP 项目背离了 PPP 的本源，演变成地方政府新的融资工具，具体表现为社会资本通过向政府提供建设工程所需要的资金获得收益，社会资本本质上向政府提供的是资金而非公共产品和服务，公共产品和服务的提供者仍然是政府。

通过对 PPP 本源的论述，我们能够发现 PPP 项目与通过 PPP 项目进行地方政府负债的项目（"假 PPP 项目"）区别在于 PPP 项目同地方政府的隔离程度，真的 PPP 项目与政府地方债彻底隔离，假的 PPP 项目与地方政府债不能隔离，从本质上看仍是地方政府隐性负债，具体表现在：在规范的 PPP 项目中，社会资本是公共产品的提供者，社会资本或项目公司是建设公共产品和服务所需资金的债务承担者，地方政府不产生负债；而在虚假 PPP 项目中，企业并不通过运营获利，由政府部门或其授权机构承担 PPP 项目运营工作，政府往往向企业承诺投资回报，企业无须承担风险。

2. 使用者付费类项目和经营类项目有何区别？

PPP 项目根据付费机制的不同，可以划分为政府付费、可行性缺口补助、

使用者付费三种模式，其中并不包含经营类项目。这是因为 PPP 项目提供的是公共产品和服务，而不是普通商品，只有应当由政府提供的公共产品和服务，才有可能成为 PPP 项目的客体。使用者付费类项目是指应当由政府提供的公共产品和服务通过最终使用者的付费行为来实现该项目的收支平衡，不需要政府另行补贴，其提供的也是公共产品和服务；而经营类项目属于完全市场化行为，通过市场的充分竞争由市场主体（而非政府）来提供一般商品（而非公共产品）。在 PPP 项目的运作中要注意识别那些把一般商品包装成公共产品进行运作的项目，此类项目严重背离 PPP 本源，扰乱正常市场竞争秩序，属于假的 PPP 项目，应严格禁止。

3. 如何对待政府付费类项目和经营类项目打包？

明白了经营类项目与 PPP 项目的界限，我们就很清楚经营类项目不适合同政府付费类项目进行打包，因为该打包原则上破坏了 PPP 的本质。但是在实际运行过程中，确实存在一些地方政府将二者打包的情形，笔者认为应当根据打包的原因，分情况区别对待。

地方政府将政府付费类项目和经营类项目打包，通常基于以下几类原因：①错误识别。对使用者付费类项目和经营类项目识别不到位，错把经营类项目识别为使用者付费类项目，导致将该类项目与政府付费类项目打包成可行性缺口补助项目。实践中，某些经营类项目和使用者付费类项目在识别时确实存有争议，比如体育场馆的修建。这些项目在经济发达地区属于应由市场主体提供的经营类项目，而在非经济发达地区则属于应由政府提供的使用者付费类项目或可行性缺口补助项目。所以在评审时，专家与地方政府就容易产生分歧，专家认为将经营类项目与政府付费类项目违规打包的项目，在地方政府看来可能就是使用者付费类项目与政府付费类项目打包，不存在违规情况。使用者付费类项目与经营类项目如何准确识别，应根据地区发展情况等进行全局考虑。②助力项目整体效率的提升。某些经营类项目如果由市场主体来提供，将会影响整个项目的效率，如果和政府付费类项目放在一起由政府与社会资本方来提供，会对整个项目起到提升、反哺作用，这类项目虽然突破了 PPP 项目客体应当为公共产品和服务的范畴，但是从功能和效果的角度来看适合进行打包，但要注意以下几点：a. 打包项目跟主项目有紧密联系；b. 对主项目有重大提升作用；c. 对主项目有反哺作用；d. 不可喧宾夺主；e. 不突破现有法律底线。③不触及政策红线。某些地方政府为了规避财政部规定的每一年度 PPP 项目的支出责任不得超出地方政府一般公共预算支出比例 10% 的政策红线，将经营类项目中政府应当取得的土地收益与政府应当承担的付费责任相抵销，把应当单独出让的项目包装到 PPP 项目中，这些项目纯粹为了规避 PPP 的政策红线，违背了土地"招拍挂"等政策红线，是不允许的。

4. 如何落实政府付费类项目的"审慎"原则？

财政部 92 号文件规定，要审慎开展政府付费类项目，但对于如何"审慎"各地理解和执行的偏差较大，掌握的尺度也不相同，有些省份将政府付费类项目"一棍子打死"，直接规定公路、市政公园、学校等靠政府付费类项目一律不得纳入项目库，使 PPP 项目的运作从夏天一下进入寒冬，很多项目被迫停工，出现了破坏性影响，不利于 PPP 的健康发展。笔者认为，PPP 项目解决了公共产品和服务的供应不足问题，而政府付费是提供公共产品和服务的主要方式，在政府付费类项目领域采用规范的 PPP 运作，引导社会资本进入该领域提供更多的公共产品，是实现公共产品充分供应的重要手段。但是项目做得太多，政府的支出责任必然加大，当超过一定限度时，就会超出支出红线，造成地方政府违约，所以对政府付费类项目规定"审慎"原则是必须的，但绝不能"因噎废食"。财政部规定的每一年度 PPP 项目的支出责任不得超出地方政府一般公共预算支出比例 10% 的政策红线，就是根据"审慎"原则制定的，无论是政府付费类项目还是可行性缺口补助项目，只要地方政府所有 PPP 项目的支出责任不超出地方政府一般公共预算支出比例的 10%，都应该允许入库。反之，即使对使用者付费类项目入库也应当审慎，因为使用者付费类项目也存在转化为可行性缺口补助或政府付费类项目的可能。

5. 如何处理发展和规范的冲突？

在 PPP 项目清库过程中，很多地方政府以发展为理由不想让不合规的项目清理出库，在 PPP 项目评审过程中，评审专家对此问题也有争议。笔者认为，对不规范项目的处理应该区别对待：对于挑战政策红线的项目，如违背财政部规定的每一年度 PPP 项目的支出责任不得超出地方政府一般公共预算支出比例 10% 的政策红线的项目、通过 PPP 违规举债等实质性违背 PPP 规范的项目，应坚决清理出库和禁止入库；对于在程序上执行不规范的项目，可以通知地方政府进行整改，予以补正规范。

6. 如何界定项目清单和管理库的界限？

根据财政部 92 号文件的规定，前期准备工作不到位的项目不得入库。根据河南省项目入库管理规定，PPP 项目进入项目库应当完成项目准备和识别，具有正式的 PPP 实施方案。因此，应以是否有正式的 PPP 实施方案来界定项目清单和项目管理库，具体来说有如下两个标准：①上传到财政厅和财政部指定官网的 PPP 实施方案已加盖公章；②该实施方案有政府批准文件。

7. 如何处理财政承受能力论证中使用基金预算的问题？

在项目评审中我们发现，很多地方政府因为 PPP 项目的支出责任超出了地方政府一般公共预算支出比例的 10%，为了做新的项目，在财承中采用了基金预算，但做的基金预算明细并不具体，等同于使用一个基金预算就轻松绕开了财政部规定的 10% 政策红线，这是应当予以杜绝的。在 PPP 项目中，基金预算和专门收入必须具体明确化，而且不能重复计算，否则该项目不能通过财政承受能力论证。

8. 如何理解和对待专家组反馈意见？财承评价不规范和财承评价不合规有什么区别？物有所值评价不规范和物有所值评价不合规有什么区别？

专家反馈意见针对的是项目中存在的足以否定项目入库的局部问题，并不代表项目中所有问题。所以，存在瑕疵的 PPP 项目在整改时要进行全局整改，否则下次入库还有可能被否决。财政承受能力论证和物有所值评价不规范是可以通过整改实现的问题，不合规则是否决项目的客观情形。

9. 如何认定前期准备工作不充分？

在评审中发现有许多项目由于前期准备工作不充分而不能入库，按照河南省 PPP 项目入库标准，前期准备工作不充分指没有可研及批复，没有"两评一案"及批复，没有实施机构授权文件。笔者认为，随着 PPP 工作的规范化，PPP 项目的前期准备工作应更为广泛，涉及城市规划的要有城市规划许可，涉及用地的要有用地预审文件，涉及环保的要有环评文件，否则也应认定为前期准备工作不充分。

10. 如何认定僵尸项目？如何对待僵尸项目？

超过一年以上没有实质性进展的项目即可认定为僵尸项目，对于此类项目要及时予以清理出库。

11. 如何理解项目管理清单的重要作用？

财政部 PPP 项目管理库要求提供地方政府 PPP 项目管理清单，需列明目前已经实施的所有 PPP 项目，并且注明当前项目在清单中的位置。项目管理清单的作用在于把地方政府的所有 PPP 项目当成一个整体进行管理，承担着全局财承综合评价的作用，使得政府支出责任前后衔接、上下贯通、不存在冲突，有利于加强对地方政府 PPP 项目的宏观管理。

12. 当期不实际实施的项目进入清单好还是管理库比较好？

在项目评审过程中，我们发现有些地方政府急于把所有项目都列入项目管理库，该做法并不科学，因为进入项目管理库就要进行财政承受能力论证，当期不实际实施的项目会影响其他亟待实施的项目进入项目管理库，所以不计划当期实施的项目进入项目储备清单即可，待具备条件时再申请进入项目管理库。

13. 如何理解建设成本至少 30% 要列入考核？如何对待绩效考核不合规的项目？

PPP 项目的核心是供应公共产品和服务，而不是提供基础设施的建设，所以要根据提供公共产品和服务的数量、质量进行付费评价。财政部 92 号文件规定，项目建设成本不参与绩效考核，或实际与绩效考核结果挂钩部分占比不足 30% 的 PPP 项目不得入库，这遵循了 PPP 付费的基本原理，是 PPP 模式与传统模式的根本区别，也是 PPP 模式创新驱动属性的根本体现，是评价

PPP 项目公共产品属性和财政资金使用效率的基本保障。从理论上讲，PPP 项目建设成本应百分之百列入考核，但从现实来讲，将项目建设成本全部列入考核并不科学和具有可操作性，财政部 92 号文件该条规定体现了 PPP 回归本源的基本要求，也是"审慎"原则的体现，该问题不得打折扣，不符合要求的一律不得进入项目库。

PPP 项目入库和清理已入库 PPP 项目相关政策解读

——以河南省为例

一、对 PPP 项目入库和清理入库新规的相关背景介绍

自 2014 年以来，财政部、国家发展改革委陆续出台了一系列的 PPP 相关政策和指导意见，助推了 PPP 在我国的迅猛发展。2017 年国务院又启动了 PPP 立法计划，着手制定 PPP 实施条例。2017 年 3 月，国务院在对河南省和重庆市等地进行调研以后，于 2017 年 7 月 21 日便出台了《基础设施和公共服务领域政府和社会资本合作条例（征求意见稿）》，着手对 PPP 提供顶层制度保障，该条例（征求意见稿）第四条明确了国家对 PPP 项目的鼓励原则，但遗憾的是至今 PPP 条例还没有正式出台。

谈到 PPP 的现状和走向，我们需回顾梳理一下自 2017 年 5 月起国家密集出台的几个文件和几次重要会议。

1. 《关于进一步规范地方政府举债融资行为的通知》（财预〔2017〕50 号）

2017 年 4 月 26 日，为进一步规范地方政府融资行为，财政部等六部委联合印发了《关于进一步规范地方政府举债融资行为的通知》（财预〔2017〕50 号，本文下称 50 号文件），依法依规对 PPP、政府投资基金等政府与社会

资本方各类合作行为提出明确要求。其中提到严禁利用 PPP 违规举债，并列举了通过 PPP 违规举债的几种情形，比如：对 PPP 社会资本投资明股实债；对社会资本承诺兜底回报、回购、兜底收益的；对社会资本方的投资，政府用各种形式变相担保的；将政府的出资责任以各种形式转移到政府融资平台的，等等。所以，财政部等六部委在 50 号文件中，对 PPP 的操作存在的变相举债行为明确列出了负面清单，严格予以禁止。

2. 全国第五次金融工作会议

2017 年 7 月 14—15 日，全国金融工作会议在北京召开，习近平主席强调，金融是国家重要的核心竞争力，金融安全是国家安全的重要组成部分，金融制度是经济社会发展中重要的基础性制度，必须加强党对金融工作的领导。

3. 2017 第三届中国 PPP 融资论坛

2017 年 11 月 1—2 日，"2017 第三届中国 PPP 融资论坛"在上海国际会议中心召开，本届论坛的主题是"新理念、新思想、新动能，打造 PPP 合作命运共同体"。这是党的十九大后由财政部政府和社会资本合作中心、上海金融业联合会共同举办的 PPP 盛会，释放了 PPP 新的发展信号。

4.《关于规范政府和社会资本合作（PPP）综合信息平台项目库管理的通知》（财办金〔2017〕92 号，本文下称 92 号文件）

2017 年 11 月 10 日，财政部发布了 92 号文件，对财政部政府和社会资本合作（PPP）综合信息平台项目库管理提出了新的要求，制定了严格的 PPP 入库条件，引导今后 PPP 的规范运作。

92 号文件实质上是以 PPP 综合信息平台项目库的管理为抓手，通过设定入库和清退出库的标准进一步明确规范 PPP 的边界红线，以进一步规范 PPP 的发展，确保 PPP 可持续发展。我们对这个文件的政策方向的理解，总体上看并不是要对 PPP 的发展叫停，主要目的是进一步规范以保证其可持续性发展。

5.《关于加强中央企业 PPP 业务风险管控的通知》（国资发财管〔2017〕192 号，本文下称 192 号文件）

2017 年 11 月 21 日，国资委印发《关于加强中央企业 PPP 业务风险管控的通知》（国资发财管〔2017〕192 号），这意味着在政府和社会资本合作模式近期被严格规范后，国资委开始要求央企管控 PPP 风险。

192 号文件强调对央企参与 PPP 业务加强风险管控，提出八项规定、八项禁止。

首先，"八项规定"使得央企参与 PPP 项目的难度大增。其次，"八个严禁"确保央企投资的 PPP 项目回报可控。该通知最后"对存在瑕疵的项目，要积极与合作方协商完善；对不具备经济性或存在其他大问题的项目，要逐一制定处置方案，风险化解前，该停坚决停止，未开工项目不得开工"这一强制性原则与 PPP 项目合同要求存在一定的冲突之处，中标违约法律责任如何认定和处置是一个重要问题，同时这容易导致央企的信誉危机，当然也能够引导央企的经营活动回归正常的定价水平。

从大趋势来看，对地方国企和民企应该是利好，因为这两年央企在 PPP 市场的投资规模无论总量还是数量都很大，如果央企的投资受限，那么市场的份额一部分就会转移到民企和地方国企，另外上文提到资本金融资的要求，事实上也使央企必须要找地方国企或民企进行一定的合作。

6. 《河南省财政厅 PPP 项目库入库指南的通知》和关于印发《河南省 PPP 项目清理规范方案的通知》（详见下文）

7. 《湖南省财政厅关于实施 PPP 和政府购买服务负面清单管理的通知》（湘财债管〔2018〕7 号）

2018 年 3 月湖南省财政厅出台《湖南省财政厅关于实施 PPP 和政府购买服务负面清单管理的通知》（湘财债管〔2018〕7 号），对 PPP 和政府购买服务实行负面清单管理。明确以下五种情形不得运用 PPP 模式：①不属于公共服务领域；②因涉及国家安全或重大公共利益不适宜；③仅涉及工程建设而无实际运营内容、无现金流，完全由政府付费的，如市政道路建设、公路建设、广场、绿化（风光）带等工程建设；④采用建设移交（BT）方式实施的；⑤政府方回购社会资本承诺固定收益的。该文件使得湖南省各级地方政府就 PPP 工作的后续开展，在政策和执行层面上，更加具备可操作性，同时对其他地区相关政策的制定也有很强的示范和借鉴意义。

上述负面清单公布后，引起社会强烈反响，有部分网友过度解读、非常紧张。这不仅仅是因为当前各地实施的纯政府付费类的 PPP 项目数量较多，同时也因为当前在政策和市场层面大家的理解和认识也存在多样性和不确定性。笔者认为，上述文件仅仅是基于中央文件规定并结合当地实际，所作出的重申和细化。该负面清单内容均可 92 号文件和财预〔2017〕87 号中找到，个别清单条款范围甚至较 92 号文件范围更小。

从以上密集出台的一个又一个国家规定可以看出，国家对 PPP 的管理从强力推广（百花齐放）已经转变到强力规范阶段，隔离 PPP 和地方债之间的关系是上述文件的灵魂。

通过对 92 号文件及《河南省财政厅 PPP 项目库入库指南的通知》和关于印发《河南省 PPP 项目清理规范方案的通知》的解读及在 PPP 项目入库清理入库实务中积累的经验，笔者认为财政部 92 号文件的精神概括起来为"三个目的"和"三个要求"。

1. "三个目的"

（1）进一步规范政府和社会资本合作（PPP）项目运作。

（2）防止 PPP 异化为新的融资工具。

（3）坚决遏制隐性债务风险增量。

概括起来为一个目的：坚决隔离 PPP 和地方债的关系，严防产生地方债风险和系统性金融风险。

2. "三个要求"

（1）充分认识规范管理库的意义。及时纠正 PPP 泛化滥用现象，进一步推进 PPP 规范发展，推动 PPP 回归公共服务创新供给机制的本源，促进实现公共服务提质增效目标，夯实 PPP 可持续发展的基础。

概括起来：现实中 PPP 操作存在的问题很突出，已经引起高层高度关注，规范是 PPP 可持续性发展的重要手段。

（2）项目分类管理，突出重点。①项目储备清单。将处于识别阶段的项目，纳入项目储备清单，重点进行项目孵化和推介。②项目管理库。（管理重点）将处于准备、采购、执行、移交阶段的项目，纳入项目管理库确保规范运作。(标志是有了正式实施方案)③严格管理。入项目库的性质是 PPP 项目的信息公开,新规意味着项目库管理由备案制变为准审核制。需严格项目管理库入库标准和管理要求,建立健全专人负责、持续跟踪、动态调整的常态化管理机制,及时将条件不符合、操作不规范、信息不完善的项目清理出库。

二、PPP 项目入库及清理已入库项目操作实务

(一) 财政部新项目入库标准

①优先支持存量项目。②审慎开展政府付费类项目,确保入库项目质量。③规定负面清单。

第一,不适宜采用 PPP 模式实施的项目。包括不属于公共服务领域,政府不负有提供义务的,如商业地产开发、招商引资项目等;因涉及国家安全或重大公共利益等,不适宜由社会资本承担的;仅涉及工程建设,无运营内容的;其他不适宜采用 PPP 模式实施的情形。

第二,前期准备工作不到位。包括新建、改扩建项目未按规定履行相关立项审批手续的;涉及国有资产权益转移的存量项目未按规定履行相关国有资产审批、评估手续的;未通过物有所值评价和财政承受能力论证的。

第三,未建立按效付费机制。包括通过政府付费或可行性缺口补助方式获得回报,但未建立与项目产出绩效相挂钩的付费机制的;政府付费或可行性缺口补助在项目合作期内未连续、平滑支付,导致某一时期内财政支出压力激增的;项目建设成本不参与绩效考核,或实际与绩效考核结果挂钩部分占比不足 30%,固化政府支出责任的。

河南省对新申请入库的项目(包括项目储备清单)采用省财政厅 PPP 中心预审—组织专家评审—征求各处室意见—领导签字批准的程序进行。

(二) 河南省第一次 PPP 项目集中入库结果公告

按照财政部 92 号文件的精神,进一步规范河南省 PPP 项目储备和管理,

河南省财政厅政府和社会资本合作（PPP）中心于 2017 年 12 月中旬组织省 PPP 专家对各地新申报入库的 316 个项目进行集中统一评审，按程序报经省财政厅审定，其中，符合调入项目管理库项目 105 个，总投资 1094 亿元；符合调入项目储备清单项目 189 个，总投资 1850 亿元；不予入库项目 22 个。[①]

（三）河南省第二次 PPP 项目集中入库结果公告

根据《河南省财政厅 PPP 项目库入库指南》调整项目库的工作安排，河南省财政厅政府和社会资本合作（PPP）中心于 2018 年 2 月初对市县书面申报进入管理库的 64 个项目及申报进入储备清单的 46 个项目进行了审查，其中：符合调入项目管理库项目 19 个，总投资 122.18 亿元；不予调入 45 个，总投资 396.44 亿元；符合调入项目储备清单项目 40 个，总投资 442.8 亿元；不予调入 6 个，总投资 40.14 亿元。

（四）河南省 PPP 项目管理库评审标准

1. 要件审查，拟入项目管理库项目须具有以下材料

（1）新建、改扩建项目具有相关立项审批手续，涉及国有资产权益转移的存量项目具有国有资产审批、评估等相关手续。

包含改扩建可研报告及其批复及相关文件、供地方案及其批复涉及环评的要有环评报告（虽然这次没有强烈要求供地方案及其批复涉及环评的要有环评报告，但是规范的项目应该有），并注意可研批复要加盖公章并且上传清晰，TOT 项目要有资产评估报告及其转让方案、国有资产管理部门批准方案。

上述文件缺失的一律不得进入管理库。

（2）具有本级人民政府对项目实施机构的授权文件。

授权文件有三种形态：一是单独的授权文件；二是和出资平台在同一个文件中一块授权；三是实施方案批复中有明确的授权表述。建议要有单独的授权文件，防止专家找不到而否决项目。

---

① 项目库分类、作用及入库要求详见《河南省财政厅 PPP 项目库入库指南》。

（3）具有正式的项目实施方案。

正式的实施方案有两种形态：一是经政府批复的实施方案；二是虽没有经政府批复，但方案有咨询机构和实施机构加盖的公章。注意上传时公章要清晰。

（4）具有物有所值评价报告及本级财政部门会同行业主管部门的审核通过意见（2015 年 12 月 18 日前已进入采购阶段的项目除外）。

（5）具有财政承受能力论证报告及本级财政部门的审核通过意见（2015 年 4 月 7 日前已进入采购阶段的项目除外）。

之所以规定上述截止时间是因为财政部的物有所值评价规定是 2015 年 12 月 18 日开始实施的，财承评价指引是 2015 年 4 月 7 日开始实施的。物有所值评价已经过了有效期，是不是可以不再进行重新评价呢？标准又应该是什么？评审中发现有些地方财承和物评放在一起批复的，这个也算通过，不过规范的批复应该单独批复。

（6）纳入本级财政部门 PPP 项目开发目录。

开发目录的格式没有统一，但是这个目录在 PPP 项目的管理中发挥着重要作用。财承评价应该以这个目录为依据，要充分考虑前后项目的财承承继性，不可自相矛盾。

2. 申报材料审查内容存在下列情形之一的项目不得入库

（1）不属于公共服务领域，政府不负有提供义务的，如商业地产开发、招商引资项目等。

注：如何判断是否属于公共领域，政府是否有提供义务？PPP 项目中是否允许商业搭配？

政府是否有提供义务应该结合该项目所处的地域环境进行综合判断，脱离具体地域和环境进行判断是不科学的。根据相关专家解释，PPP 项目中并不是绝对不能有商业项目的搭配。但是要符合如下几个条件：①搭配要对 PPP 项目功能有重要的提升作用。②要对 PPP 主项目有反哺作用。③不能喧宾夺主。④不能对现有制度进行突破。

（2）因涉及国家安全或重大公共利益等，不适宜由社会资本承担的。

（3）仅涉及工程建设，无运营内容的。

注：PPP 项目包含运营内容是与 BT 项目的根本区别。

（4）其他不适宜采用 PPP 模式实施的情形。

（5）"两个论证"评价方法和程序不符合规定的。

注：还应该按原有的物有所值评价规定操作，基本指标必须作为评价指标。

（6）通过政府付费或可行性缺口补助方式获得回报，但未建立与项目产出绩效相挂钩的付费机制的。

（7）政府付费或可行性缺口补助在项目合作期内未连续、平滑支付，导致某一时期内财政支出压力激增的。

（8）项目建设成本不参与绩效考核，或实际与绩效考核结果挂钩部分占比不足 30%（指项目总投资除政府出资部分外参与绩效考核的部分低于 30%），固化政府支出责任的。

（9）由政府或政府指定机构回购社会资本投资本金或兜底本金损失的。

（10）政府向社会资本承诺固定收益回报的。

注："固定收益/回报"是指社会资本或项目公司在任何情况下均不承担任何项目风险，可以获得稳定的收益/回报水平，体现为静态模型"利润 = 收入 – 成本"或动态模型"$NPV = \sum (CI - CO)(1 + i)^{(-t)}$"。因此构成"固定收益/回报"需要满足两种情形：一是静态的收入/动态的现金流入和静态的成本/动态的现金流出均固定；二是政府保证两者的差额固定。

典型的"固定收益/回报"项目，如济青高铁潍坊段项目，在社会资本方层面属于固定回报，无论项目公司经营情况如何，政府通过财政提供差额补贴的方式保证社会资本方获得年化 6.69% 的固定收益。

（11）政府及其部门为项目债务提供任何形式担保的，或存在其他违法违规举债担保行为的。

（五）财政部清理 PPP 已入库项目标准

（1）不适宜采用 PPP 模式实施。包括不属于公共服务领域，政府不负有提供义务的，如商业地产开发、招商引资项目等；因涉及国家安全或重大公共利益等，不适宜由社会资本承担的；仅涉及工程建设，无运营内容的；其他不适宜采用 PPP 模式实施的情形。

（2）前期准备工作不到位。包括新建、改扩建项目未按规定履行相关立项审批手续的；涉及国有资产权益转移的存量项目未按规定履行相关国有资产审批、评估手续的；未通过物有所值评价和财政承受能力论证的。

（3）未按规定开展"两个论证"。包括已进入采购阶段但未开展物有所值评价或财政承受能力论证的（2015 年 4 月 7 日前进入采购阶段但未开展财政承受能力论证以及 2015 年 12 月 18 日前进入采购阶段但未开展物有所值评价的项目除外）；虽已开展物有所值评价和财政承受能力论证，但评价方法和程序不符合规定的。

（4）不宜继续采用 PPP 模式实施。包括入库之日起一年内无任何实质性进展的；尚未进入采购阶段但所属本级政府当前及以后年度财政承受能力已超过 10% 上限的；项目发起人或实施机构已书面确认不再采用 PPP 模式实施的。

（5）不符合规范运作要求。包括未按规定转型的融资平台公司作为社会资本方的；采用建设—移交（BT）方式实施的；采购文件中设置歧视性条款、影响社会资本平等参与的；未按合同约定落实项目债权融资的；违反相关法律和政策规定，未按时足额缴纳项目资本金、以债务性资金充当资本金或由第三方代持社会资本方股份的。

（6）构成违法违规举债担保。包括由政府或政府指定机构回购社会资本投资本金或兜底本金损失的；政府向社会资本承诺固定收益回报的；政府及其部门为项目债务提供任何形式担保的；存在其他违法违规举债担保行为的。

（7）未按规定进行信息公开。包括违反国家有关法律法规，所公开信息与党的路线方针政策不一致或涉及国家秘密、商业秘密、个人隐私和知识产权，可能危及国家安全、公共安全、经济安全和社会稳定或损害公民、法人或其他组织合法权益的；未准确完整填写项目信息，入库之日起一年内未更新任何信息；未及时充分披露项目实施方案、物有所值评价、财政承受能力论证、政府采购等关键信息的。

（六）河南省清理验收评审标准

1. 形式查审

（1）新建、改扩建项目具有相关立项审批手续，涉及国有资产权益转移的存量项目具有国有资产审批、评估等相关手续。

（2）具有本级人民政府对项目实施机构的授权文件。

（3）具有正式的项目实施方案。

（4）具有物有所值评价报告及本级财政部门会同行业主管部门的审核通过意见（2015 年 12 月 18 日前已进入采购阶段的项目除外）。

（5）具有财政承受能力论证报告及本级财政部门的审核通过意见（2015 年 4 月 7 日前已进入采购阶段的项目除外）。

（6）具有本级财政部门 PPP 项目开发目录。

2. 申报材料内容审查，存在下列情形之一的项目，反馈市县整改

（1）不属于公共服务领域，政府不负有提供义务的，如商业地产开发、招商引资项目等。

（2）因涉及国家安全或重大公共利益等，不适宜由社会资本承担的。

（3）仅涉及工程建设，无运营内容的。

（4）其他不适宜采用 PPP 模式实施的情形。

（5）"两个论证"评价方法和程序不符合规定的。

注：比如有的地区同一年的项目居然增长率不一样，有的增长率确定缺少依据。

（6）通过政府付费或可行性缺口补助方式获得回报，但未建立与项目产出绩效相挂钩的付费机制的。（无挂钩比例要求）

（7）政府付费或可行性缺口补助在项目合作期内未连续、平滑支付，导致某一时期内财政支出压力激增的。

（8）由政府或政府指定机构回购社会资本投资本金或兜底本金损失的。

（9）政府向社会资本承诺固定收益回报的。

（10）政府及其部门为项目债务提供任何形式担保的。

（11）存在其他违法违规举债担保行为的。

（12）社会资本方为融资平合公司的。

3. 其他需关注事项

（1）未按合同约定落实项目债权融资的；未按时足额缴纳项目资本金、以债务性资金充当资本金或由第三方代持社会资本方股份。

（2）项目示范管理（示范库）。

财政部在严格项目库的同时还保留了 PPP 示范库，河南省在新的项目库管理规定中也规定了要建设本省 PPP 项目示范库。河南省的示范项目库不仅作为示范项目在全省推广，在各种资金和政策方面给予支持，同时也要作为财政部示范项目推荐入库的基础。所以，做好示范项目准备和申报工作具有重大意义。笔者认为应该从以下三方面努力：①熟悉 PPP 示范项目的条件和申报程序；②在平时的具体项目操作中对比条件规范运作打好基础；③充分重视申报工作。

河南省已入库项目清理工作市县自查自纠阶段已经结束，2018 年 3 月 12 日至 15 日，河南省财政厅 PPP 中心组织了专家组对现有项目库（主要是申请进入管理库的项目）集中进行了评审，大约 600 多个项目，主要目的是发现问题，进行反馈和整改。国家对项目库实行动态管理，不规范运作随时可能被清理出库。PPP 规范管理工作任重而道远。另外，政府聘请咨询机构需注意，要找能准确把握政策界限，并能真正提供全流程咨询服务的机构，团队中必须有真正的 PPP 法律专家。

实务篇

财政部等六部委50号文件和财政部87号文件背景下地方政府的融资出路及企业应注意的问题

2017年5月3日，为进一步规范地方政府融资行为，财政部等六部委联合印发了《关于进一步规范地方政府举债融资行为的通知》（财预〔2017〕50号，本文下称50号文件），依法依规对PPP、政府投资基金等政府与社会资本方各类合作行为提出明确要求。5月28日，财政部又印发《关于坚决制止地方以政府购买服务名义违法违规融资的通知》（财预〔2017〕87号，本文下称87号文件），明确政府购买服务与PPP的边界，严禁各地将建设工程作为政府购买服务项目。

一个月内连续发文，规范地方政府融资行为，列举负面清单，就像财政部有关负责人所说"初步实现了对当前地方政府及其部门主要违法违规融资方式的政策全覆盖"。

虽然，87号文件里面的规定都是在重复强调旧有文件，没有提出新内容，但是它明确了相关部委的管理态度和将来的管理思路。

在此背景下，许多地方政府和金融行业人士经常向笔者提出以下几个问题：第一，政府购买服务还能不能搞？怎么搞？第二，PPP还能不能搞？怎么搞？第三，地方政府的融资出路在哪里？第四，企业参与政府购买服务和PPP项目应当注意哪些新问题？

一、政府购买服务还能不能搞？怎么搞

政府购买服务的直接法律依据是《国务院办公厅关于政府向社会力量购买服务的指导意见》（国办发〔2013〕96 号），本质上属于一种政府采购，政府采购包括购买工程、货物、服务三大类。政府购买服务就是鼓励将应当由政府向社会公众提供的公共服务通过向社会合格供应商购买进行提供，是一种优化行政职能、提高服务效率和财政资金使用效率的创新驱动模式。在政府购买服务的实践中，很多地方政府混淆了政府购买服务的真正含义，将工程、货物、服务均当作服务来进行采购，甚至规避政府采购程序，形成严重的地方债风险。所以，87 号文件重点在于纠正对政府购买服务的错误认识和错误操作，并不是否定政府购买服务本身。

但是，政府购买服务必须规范运行，严格限定在服务类，对过去形成的假借政府购买服务名义进行的工程和货物采购，因为其本身违背了《政府采购法》《预算法》《国务院关于加强地方债管理的实施意见》《国务院办公厅关于政府向社会力量购买服务的指导意见》等法律法规的规定，是违规行为。按照财政部87 号文件以及一些地方政府规范（如《河南省人民政府办公厅关于进一步规范政府举债融资行为的通知》），属于限期整改的内容。以河南省为例，《河南省人民政府办公厅关于进一步规范政府举债融资行为的通知》要求："对所有涉及政府购买服务的制度、文件、会议纪要、合同、协议等进行逐条审核，凡不符合政府性债务管理制度规定的，要加强与社会资本方的平等协商，依法修订完善，分类妥善处置，全面改正政府不规范的融资担保行为。"

二、PPP 还能不能搞？怎么搞

政府和社会资本合作的真实含义是将由政府控制的基础设施和公共服务领域通过 PPP 的模式有条件地向社会资本开放，使政府作为公共产品的单一

提供者改变为由政府和社会资本多元化向社会提供。其本质是政府与社会资本的"合作",不属于政府采购,是政府通过政府采购或招投标程序来选择适格的"合作方"。之所以按照《政府采购法》《招标投标法》规定的政府采购程序和招投标程序来选择社会资本方,是因为 PPP 项目均涉及重大社会公共利益。但政府购买服务属于政府采购,这是政府购买服务与 PPP 的本质区别。所以说,87 号文件禁止用政府购买服务的名义违法举债,并不是对公共服务类 PPP 项目的否定。"政府购买服务"和公共服务类的 PPP 项目是两个完全不同的法律概念,适用不同的法律规则。

过去,地方政府把大量的基础设施和公共服务类的建设工程当作政府购买服务进行操作,在 50 号文件和 87 号文件明确禁止的背景下,这一类项目将无法继续履行,需要整改、调整为合法合规的形式来替代,且今后该类项目地方政府也无法采用政府购买服务的形式来进行操作。在国家对地方债严格限额管理、不得违规举债背景下,地方政府想发展基础设施和公共服务,最优的方式就是 PPP。这样,必将会出现大量的原来采用政府购买服务的基础设施、公共服务类项目改造成 PPP 模式来实施,更多的基础设施、公共服务类新项目采用 PPP 模式来实施。

党的十八大提出中国经济新常态和供给侧结构性改革的概念,经济新常态的正确含义就是经济增速放缓,供给侧结构性改革的重点是补短板。应当明确的是,经济增速放缓,但对基础设施、公共服务的提供不能放缓,因为人民群众和社会对基础设施、公共服务的需求是不断增长的。基础设施落后、公共服务不匹配是我国经济的重要短板,是供给侧结构性改革补短板的重要内容。PPP 模式是地方政府在经济增速放缓的新常态下,满足人民群众日益增长的对基础设施、公共服务需求的重要手段。

但是,PPP 模式必须严格依法操作,不能走调,否则容易变成变相的违规融资工具。比如:对 PPP 社会资本投资明股实债;对社会资本承诺兜底回报、回购、兜底收益的;对社会资本方的投资,政府用各种形式变相担保的;将政府的出资责任以各种形式转移到政府融资平台的,等等。所以,财政部等六部委在 50 号文件中,对 PPP 的操作存在的变相举债行为明确列出了负面清单，严格予以禁止。按照《河南省人民政府办公厅关于进一步规范政府举债融资行为的通知》要求："对所有涉及 PPP 项目的制度、文件、会议纪要、合同、协议等进行逐条审核，凡不符合政府性债务管理制度规定的，要加强与社会资本方的平等协商，依法修订完善，分类妥善处置，全面改正政府不规范的融资担保行为。"对现有 PPP 项目存在的上述问题，要依法予以纠正。在今后的 PPP 项目中，严格依法依规操作。

三、地方政府的融资出路在哪里

国家对地方债严格进行管理，是为了以积极的态度防范地方债风险的发生，防止无序举债、举债失控，并不是不让地方政府发展基础设施和公共服务。在《预算法》强调将地方债全额纳入预算管理，地方负债只能通过由省级人民政府代理发行地方政府债券，这也是《预算法》规定的地方负债的唯一通道。一切借道举债都是违规的，无论是采用政府购买服务、PPP、政府产业投资基金或政府投融资平台。地方政府违规举债，是为了发展地方基础设施和公共服务，即地方政府所渴望的"政绩"，岂不知违规举债违背了国家的法律法规，只会形成地方政府的负面清单。所以，依法依规举债是今后地方政府的唯一正确选择。

国家在严厉控制地方政府违规举债的前提下，也在创造地方政府合法举债的通道。财政部 2017 年 5 月出台的《地方政府土地储备专项债券管理办法（试行）》就是为解决土地储备而制定的新政策，提供的新通道。非常可惜的是，尽管地方政府可以通过省级人民政府代理发行各种债券来置换过去的存量债务，提供土地储备所需资金，然而因为很多地方政府的存量债务已经接近地方债红线，没有办法再通过省级政府代理发行新的债券，所以，对存量债务进行合理处置，比如对存量项目进行 PPP 改造，将存量债务从政府总量债务中置换出来，将会腾出地方债限额的空间，为用足用活各种地方政府债券创造条件。这是一个非常合法有效的手段，用腾出的空间多发行地方债，可以融到更加便宜、更加安全的资金。相比地方政府融资平台等方法融资，既符合法律规定，又节约了不少成本，是事半功倍的事情。

50 号文件在强调制止违规操作的同时，鼓励地方政府通过政府产业发展基金进行融资。国家发展改革委、财政部对政府产业发展基金的设立、登记、管理，在制度上提供了很多便利条件，鼓励地方政府发展政府产业基金。但是，过去很多地方政府的产业基金，已经从根本形式上违背了基金的本质。基金，是市场化的行为，基金投资人的收益只能来源于基金本身在市场中的收入，不能由政府进行兜底，或承诺回购，如果政府对产业基金承诺兜底或回购，产业基金的基本属性，就不复存在，而是变成了地方政府的变相借款。政府在基金设立过程中，可以少收益或不收益，也可以劣后，但是绝不能承诺兜底收益或承诺回购。产业基金可以把地方政府的资金有效地放大，起到"四两拨千斤"的杠杆作用，且产业基金不属于地方负债，可以作为地方政府解决基础设施、公共服务所需资金的手段，但不能转变为政府负债。

政府融资平台也是过去和目前地方政府融资的重要手段，在 50 号文和 87 号文的背景下，地方政府通过地方政府融资平台融资被依法禁止，已经形成的要依法清理。目前，地方政府融资平台存在的突出问题是：①政企不分；②地方政府通过融资平台借道举债；③只借不入，没有造血功能，不能实现良性循环；④违规担保，形成了地方政府实际存在的或有债务；⑤不能作为独立的市场主体参与政府项目；⑥融资平台所注资产多为公益性资产，本身不符合规定，而且没有融资价值。

地方融资平台必须转型，通过转型，使其成为真正的市场主体，可以参与包括当地政府项目在内的经营活动，真正消化地方融资平台客观上为地方政府所负的债务。地方融资平台当务之急，就是要清理识别上述的违规行为，坚决制止上述违规行为的继续，对融资平台中所注入的公益性资产，要通过对国有资产的重新识别、整理，用有效的经营性资产进行置换，增强地方融资平台的实力。下一步要整合各种融资平台，通过与省级平台、国家级平台合作，以及股份制改造上市等形式，逐步摆脱困境，走向真正的市场化方向。使地方融资平台在履行地方政府政策功能的同时，能独立运营，产生良好的收益，最后通过国有企业的经营性收入和优质的税收，来反哺政府，实现良性循环。

四、企业参与政府购买服务和 PPP 项目应当注意哪些新问题

（一）企业参与政府购买服务项目应当注意的新问题

根据财政部 87 号文件以及《河南省人民政府办公厅关于进一步规范政府举债融资行为的通知》，企业参与政府购买服务工作要依法依规进行，应当注意以下几点。

（1）企业要关注政府预算管理，参与纳入政府预算的项目。

（2）严格按照《政府采购法》确定的服务范围实施政府购买服务。《政府采购法》对"服务"的定义是"除货物和工程以外的其他政府采购对象"，企业不得参与政府以购买服务名义对外发包的工程。

（3）企业应关注指导性目录，按照目录要求参与政府采购。

（4）企业应严格按照政府采购程序参与政府购买服务项目，禁止用会议纪要代替政府采购。

（5）不参与有固定收益和兜底回报的政府购买服务项目，接受政府施行的绩效考核付费机制。

特别要注意的是：财政部 87 号文件提出"党中央、国务院统一部署的棚户区改造、易地扶贫搬迁工作中涉及的政府购买服务事项，按照相关规定执行"。看似为棚改、易地扶贫搬迁项目留有空间，但实际上，相关文件对此作了明确限定，企业在参与棚改、异地搬迁项目时也要予以充分注意。

《国务院关于进一步做好城镇棚户区和城乡危房改造及配套基础设施建设有关工作的意见》（国发〔2015〕37 号）规定：①市、县人民政府要公开择优选择棚改实施主体，并与实施主体签订购买棚改服务协议。②市、县人民政府将购买棚改服务资金逐年列入财政预算，并按协议要求向提供棚改服务的实施主体支付。③年初预算安排有缺口确需举借政府债务弥补的市、县，可通过省（区、市）人民政府代发地方政府债券予以支持，并优先用于棚改。④政府购买棚改服务的范围，限定在政府应当承担的棚改征地拆迁服务

以及安置住房筹集、公益性基础设施建设等方面，不包括棚改项目中配套建设的商品房以及经营性基础设施。国发〔2015〕37 号文强调了必须列入预算，并限定应用范围，突破这些规定，仍然会受到 87 号文的约束。

（二）企业参与 PPP 项目应当注意的新问题

2017 年 11 月 10 日，财政部出台《关于规范政府和社会资本合作（PPP）综合信息平台项目库管理的通知》（财办金〔2017〕92 号，本文下称 92 号文），要求对 PPP 已入库和新入库项目进行全面排查。2017 年 11 月 21 日，国资委正式下发了《关于加强中央企业 PPP 业务风险管控的通知》（国资发财管〔2017〕192 号，本文下称 192 号文）加强中央企业 PPP 业务风险管控，主要部委相继出台 PPP 监管文件，从严信号下，该如何解读？对央企、地方国企、民企有何影响？

1. 92 号文解读

92 号文实质上是以 PPP 综合信息平台项目库的管理为抓手，通过设定入库和清退出库的标准进一步明确规范的 PPP 的边界红线，以进一步规范 PPP 的发展，确保 PPP 可持续发展。我们对这个文件的政策方向的理解，总体上看并不是要对 PPP 的发展叫停，主要目的是进一步规范以保持其可持续性发展。

此次发文，被业内称为"史上最严"的文件出台，主要从"存量"和"新增"两个角度对 PPP 项目库内或即将入库的项目提出规范性的要求。

（1）严控入库标准，对部分指标进行了量化。除了再次提出对 PPP 项目的定性要求（如项目的公益性质等）和运作规范（如需进行"两评"论证、不得采用 BT 形式、政府不得兜底等）以外，对项目的按效计费明确了必须建立绩效考核付费机制，且项目建设成本实际与绩效考核结果挂钩部分占比应当不低于 30% 的要求。财政部对政府方为项目提供固定回报的行为予以限制，对社会资本建设运营能力提出更高要求。

（2）收紧政府付费类项目入库。文件中规定"审慎开展政府付费类项目"，这是财政部文件中首次对政府付费类项目提出规范意见。"审慎"一词意味着以后纯政府付费类的 PPP 项目会越来越少。在纯政府付费项目上配比一定的使用者付费，转化为可行性缺口补助的 PPP 项目，将越来越成为常态。同时，具有稳定现金流的经营性项目，会优先采用 PPP 模式。

（3）已入库项目重新洗牌，但与新项目入库标准不同，已入库项目也面临较大的被清退风险，但与新项目入库的标准差异较大，92 号文对已入库项目规范运作程序要求更高，例如，不但要求开展物有所值评价和财政承受能力论证工作，对于评价方法和程序的规范性也进行了强调，但是对已入库项目的按效付费机制并未作为清退的必要条件。

企业今后在参与 PPP 项目时要严格遵循 92 号文的规定。首先，选择适宜采用 PPP 模式的项目；其次，做好参与 PPP 项目的前期准备工作；最后，建立按效付费机制。

2. 192 号文解读

（1）192 号文强调对央企参与 PPP 业务加强风险管控，提出"八项规定"和"八项禁止"。

首先，"八项规定"使得央企参与 PPP 项目的难度大增。①编制专项规划。随着 PPP 项目的推广，部分央企规模化集中介入 PPP 业务，出于战略引导的需要，192 号文要求"PPP 业务较为集中的企业应编制 PPP 业务专项规划，优化 PPP 业务布局和结构"。②统一审批 PPP 业务。针对"由集团总部（含整体上市的上市公司总部）负责统一审批 PPP 业务"一刀切式的标准，虽然可能有利于央企对于 PPP 项目的优选工作，但与现行央企内部投资审批机制形成一定的冲突，权限上收可能造成央企内部 PPP 项目审批的同松或同紧局面，程序上的烦琐必然会降低央企响应 PPP 项目的时效性，审批流程与招投标程序之间的周期错位会大大影响央企 PPP 参与率和落地率。③聚焦主业投资。192 号文提出"根据项目投资、建设、运营等环节特征准确界定集团主业投资领域，认真筛选符合集团发展方向、具备竞争优势的项目。将 PPP 项目纳入企业年度投资计划管理，严控非主业领域 PPP 项目投资"，意在引导央企回归主业追求，但以集团主业作为界定标准，可能会影响集团下属重要非主业子公司的 PPP 业务发展。④坚持项目资本金的股权资金来源要求。192 号文明确提出"各企业要严格遵守国家重大项目资本金制度，合理控制杠杆比例，做好拟开展 PPP 项目的自有资金安排"，从严从紧的降杠杆导向，在一定程度上有助于避免项目的失败风险，未来 PPP 项目实施方案"注册资本与项目资本金保持一致"的要求会越来越普遍。⑤引导专业运营理念。为了响应 PPP 长期运营的发展理念，192 号文有意识地引导整合能力，突出央企要"结合企业发展需要，不断提高 PPP 项目专业化运营管理能力，对于尚不具备专业化运营管理能力的项目，通过合资合作、引入专业化管理机构等措施，确保项目安全高效运营"。这一要求与"盘活存量投资、完善退出机制"形成良好呼应，是后者工作顺利推进的基础。⑥确立债务融资增信担保要求。为了控制央企融资担保风险，192 号文提出"项目债务融资需要增信的，原则上应由项目自身权益、资产或股权投资担保，确需股东担保的应由各方股东按照出资比例共同担保"。按照目前 PPP 项目的普遍运作惯例，要求政府出资主体按照出资比例承担部分担保责任存在一定的谈判难度，不利于央企正常参与 PPP 项目投资工作。⑦规范会计核算行为。192 号文明确提出"按照'实质重于形式'原则综合判断对 PPP 项目的控制程度，规范界定合并范围；对确属无控制的 PPP 项目，应当建立单独台账，动态监控项目的经营和风险状况，严防表外业务风险"，"同时参与 PPP 项目体投资、建设或运营的企业，应当合理划分和规范核算各阶段收益"，强化央企参与 PPP 的财务风险管控，有助于引导央企的投资行为。⑧引入终身责任追究制度。在 PPP 业务重大决策领域实施终身责任制本意在约束央企领导层和决策层的 PPP 投资冲动，强调国有资产保值增值要求。

其次，"八个严禁"确保央企投资的 PPP 项目回报可控。①严禁参与不具备经济性（投资回报低于债务融资成本）的项目。为了防止央企爆发 PPP 债务风险，192 号文要求"参考本企业平均投资回报水平合理设定 PPP 投资财务管控指标，投资回报原则上不应低于本企业相同或相近期限债务融资成本，严禁开展不具备经济性的项目，严厉杜绝盲目决策，坚决遏制短期行为"，有助于消除部分央企的恶意低价中标行为，促进市场公平竞争，引导 PPP 投资回归合理利润空间。②严禁参与付费来源缺乏保障的项目。192 号文中提出"在通过财政承受能力论证的项目中，优先选择发展改革、财政等部门入库项目，不得参与付费来源缺乏保障的项目"，本质上在于防止央企过度投资回款风险地区或使用者付费不确定性较高的项目，未来可能造成央企在 PPP 领域回归价值投资，由此前期的市场调研和财务评估就变得更为重要。③严禁 PPP 投资规模超限和因 PPP 业务推高资产负债率。出于防范央企过度投资和政府投资降杠杆的需求，192 号文要求"纳入中央企业债务风险管控范围的企业集团，累计对 PPP 项目的净投资原则上不得超过上一年度集团合并净资产的 50%，不得因开展 PPP 业务推高资产负债率"，可能会造成资产负债率高的央企撬动高杠杆去参与 PPP 项目，相反一些资产负债率较低的央企越难以全部自有资金去独立参与 PPP 项目，因为会直接推高自身的资产负债率。④严禁高经营风险子企业独立参与 PPP。192 号文为集团总部审批子企业投资设置红线要求"资产负债率高于 85% 或近 2 年连续亏损的子企业不得单独投资 PPP 项目"，同时也是为了防止政府误选高经营风险的央企子企业而可能导致的项目失败风险。⑤严禁非投资金融类子企业参与单纯项目融资性质的 PPP 项目。为了匹配 PPP 发展理念的需要，192 号文提出"集团应加强对非投资金融类子企业的管控，严格执行国家有关监管政策，不得参与仅为项目提供融资、不参与建设或运营的项目"，杜绝以项目融资为导向的 PPP 项目，力图实现融资、建设、运营一系列合同整合，从而通过招标谈判实现政府总体支出责任的降低。⑥严禁承担过度融资风险。虽然 192 号文提出"不得通过引入'名股实债'类股权资金或购买劣后级份额等方式承担本应由其他方承担的风险"，响应了 92 号文的整改清退规定，但基于目前金融机构核心资本不足及资管产品的强监管要求，预计未来央企也难以在股权融资阶段引入低成本的银行资金，只能以自有资金出资或引入较高成本的其他机构资金，从而带动整体 PPP 资本金预期收益的上升，这对民营企业参与是一种积极的鼓励。⑦严禁对外担保和收益承诺。"在 PPP 项目股权合作中，不得为其他方股权出资提供担保、承诺收益等"是上一负面清单的延续和扩展，有利于阻断 PPP 项目的结构化融资空间，降低 PPP 项目的整体杠杆水平。⑧严禁瑕疵项目和风险项目仓促上马。192 号文最后指出"对存在瑕疵的项目，要积极与合作方协商完善；对不具备经济性或存在其他大问题的项目，要逐一制订处置方案，风险化解前，该停止的坚决停止，未开工项目不得开工"。这一强制性原则与 PPP 项目合同要求存在一定的冲突之处，中标违约法律责任如何认定和处置是一个重要问题，同时这容易导致央企的信誉危机，当然也能够引导央企的经营活动回归正常的定价水平。

（2）192 号文对地方国企、民企参与 PPP 项目的影响。

对地方国企是否有限制主要就看地方上对国企的管理，看是否会按照央企的规定给地方国企出台类似的管理规定，这个不好一揽子判断，可能某一地区会依据本地区地方国企的债务水平去出台相关规定，因为目前中央有控风险降杠杆的要求。那么民企笔者认为没有机构能对其有这样的限制，地方民企的投资还是依赖自身去控制风险。如果地方国企和民企没有同样的政策出台，只有 192 号文，那么从大趋势来看对地方国企和民企应该是利好；因为近期央企在 PPP 市场的投资规模不管从总量上还是数量上都很大，如果央企的投资受限，那么市场的份额一部分就会转移到民企和地方国企，另外上文提到并表和资本金融资的要求，事实上也使央企必须要向地方国企或民企寻求一定的合作。

大力发展 PPP 模式，将更多的基础设施、公共服务用 PPP 模式来代替传统投资，可以有效地在不增加地方负债的情况下，发展基础设施、公共服务，同时也是有效替代政府融资平台融资功能的重要手段。

"PPP + EPC" 模式理论阐释及其现实例证

一、引言

自 2014 年中央大力推广 PPP 模式以来，PPP 项目在各地呈现爆发式增长。PPP 模式促使一批转型发展和民生保障项目落地，还促进了行政体制、财政体制和投融资体制改革，减轻了地方政府的债务压力，但 PPP 的迅猛发展也带来了不少问题，专家学者呼吁 PPP 的发展应从关注数量向关注质量转变。2017 年 7 月，国务院法制办出台了《基础设施和公共服务领域政府和社会资本合作条例（征求意见稿）》，该条例第二条明确了 PPP 的含义，认为在 PPP 项目中由社会资本方负责基础设施和公共服务项目的投资、建设、运营。可见，"建设"是 PPP 项目成功的重要一环，关系着 PPP 项目质量的提升。

2017 年 12 月 26 日，住建部建筑市场监管司发布了《房屋建筑和市政基础设施项目工程总承包管理办法（征求意见稿）》。这意味着，工程总承包即将进入发展新阶段。采用工程总承包方式建设，有利于提高项目建设效率，结合工程总承包固定总价的计价惯例，能有效控制和避免传统设计、施工分离模式下的"三超"问题（结算超预算、预算超概算、概算超估算）。EPC 作为我国目前推行工程总承包模式最主要的一种，自然受到了基础设施和公共服务领域各位专家学者的重视。

在此背景下，诸多学者认为，可以将 PPP 项目与 EPC 模式融合，采用"PPP + EPC"模式，利用 EPC 模式的优势，提升 PPP 项目建设的质量与效率。本文将对"PPP + EPC"模式进行理论与例证分析，以期 PPP 项目的各参与方能真正通过"PPP + EPC"模式，提升 PPP 项目建设的效率，进而提升我国 PPP 项目的整体质量。

二、"PPP + EPC"模式理论阐释

(一)"PPP + EPC"内涵分析——是否为 PPP 的一种具体模式

要对"PPP + EPC"的内涵有较为透彻的理解，无外乎搞清楚两个方面：概念是什么？性质是什么？

PPP 是一种国家倡导的公共服务领域的项目投融资管理模式，EPC 是一种工程建设领域的工程项目管理模式，"PPP + EPC"模式即是二者的融合，是指总承包商通过 PPP 投融资的方式介入项目，实施设计、施工、采购等总承包的交钥匙工程，并且投资企业通过特许经营协议，获得相应回报，在约定周期后将设施移交给政府部门，是在采用 PPP 模式建设运营的项目中，政府在依法选择 PPP 模式下的社会投资人的同时，确定项目的建设工程承包方。

学界关于其概念的理解没有大的分歧，主要分歧点在于对其性质的理解，即"PPP + EPC"模式是否为 PPP 的一种具体模式？有学者认为在大家较为公认的 PPP 具体模式的分类中，包括国内外文献，对于 PPP 的具体模式有很多的分类，比如，BOT、TOT、ROT、DBFO 等各种形式。但是，就是没有"PPP + EPC"这种模式。由此可见，"PPP + EPC"模式并不是 PPP 的一种具体模式。另有学者认为该推理是错误的，不能由国外没有"PPP + EPC"这种模式就得出"PPP + EPC"模式不是 PPP 的一种具体模式的结论。

笔者认为，"PPP + EPC"模式并不是一个"横空出世"的概念，在性质上仍是 PPP 的一种具体模式。首先，就 PPP 的分类而言，按照国家发展改革委的分类，PPP 项目可以分为很多类型，比如，经营性项目、非经营性项目、准经营性项目。按照财政部分类，分为使用者付费、可行性缺口补助、政府付费类项目。按照国家发展改革委和财政部分工，PPP 分为基础设施 PPP 项目和公共服务 PPP 项目。其他标准还有特许经营类 PPP 和政府采购型 PPP 等

不一而足。当然，从工程公司的角度可以将 PPP 分为 EPC 类 PPP 项目和非 EPC 类 PPP 项目，这在逻辑上也是成立的。其次，BOT（建设—运营—移交）是 PPP 的一种主要模式，EPC 是对其中的"B"的模式细化，是工程建设环节一种主要的工程项目管理模式，因此"PPP + EPC"模式是 BOT 模式的一个分支，自然也属于 PPP 的一种具体模式。

（二）"PPP + EPC"优势分析——为何要将二者融合

关于两种模式融合的背景在本文引言部分已做了详细阐述，下面就来具体分析一下与非 EPC 类 PPP 项目相比，"PPP + EPC"模式的优势。

（1）有利于优化设计方案。实行"PPP + EPC"整体采购，可以集思广益，让各家潜在社会资本参与市场定位、产业策划、优化设计方案，使得设计方案更为合理，更符合市场需求。

（2）有利于成本控制。由承担施工任务的社会资本方组织项目设计，可以减少设计变更、避免设计重大调改，从而降低项目总投资，减少政府不必要的支出，同时还可以增加项目的收益，减少项目后期纠纷，使项目得以顺利实施。

（3）有利于提高工程效率。在 PPP 项目中适用 EPC 模式，能充分发挥 EPC 模式的优越性，较好地将项目的投资、工期、质量控制在最合理的范围内，有利于提高工程效率，较好地保证项目高效实施。

（4）有助于提升工程总承包单位管理人员综合素质。在 PPP 模式下结合 EPC 模式，设计院设计本工程时，在某些工程部位的设计不能直接套用以前的设计模式，而需要在满足符合规范的情况下更精细经济地设计规划。因此要求施工企业在设计阶段与设计单位深入沟通、密切合作，这样对企业管理人员综合能力的提高具有极大的推动作用。

（三）"PPP + EPC"风险分析——二者融合应当注意哪些问题

1. 法律问题

"PPP + EPC"模式顺应了众多工程承包商投资 PPP 项目的需要，但在招标时的"两标合一标"的合法性问题并未解决。

"EPC + PPP"模式的合法性基础曾被认为是《招标投标法实施条例》与《关于在公共服务领域深入推进政府和社会资本合作工作的通知》（财金〔2016〕90号，本文下称90号文）。但根据《招标投标法实施条例》第九条的规定，已通过招标方式选定的特许经营项目投资人依法能够自行建设、生产或者提供的项目可以不进行招标。从法律规定看，符合允许不招标的范围是有要求的：法规仅仅明确适用于"特许经营项目"而并非"PPP项目"。目前并没有任何法律法规明确规定"特许经营项目"和"PPP项目"是相同含义、可以互相替换的概念。虽然90号文明确规定了，"对于涉及工程建设、设备采购或服务外包的PPP项目，已经依据政府采购法选定社会资本合作方的，合作方依法能够自行建设、生产或者提供服务的，按照《招标投标法实施条例》第九条规定，合作方可以不再进行招标"。但其法律位阶过低，连部门规章都算不上。

直至2017年7月出台《基础设施和公共服务领域政府和社会资本合作条例（征求意见稿）》，PPP项目"两标合一标"似乎才有了法律基础，该条例第二十四条规定："实施合作项目所需的建设工程、设备和原材料等货物以及相关服务，社会资本方依法能够自行建设、生产或者提供，且在选择社会资本方时已经作为评审因素予以充分考虑的，可以由社会资本方自行建设、生产或者提供。"这个条款解决了PPP项目中"两标合一标"法律依据不足的问题。期待正式的PPP条例对该条文加以延续与完善。

2. 价格机制问题

PPP社会资本采购完成后，由SPV（Special Purpose Vehicle，特殊目的载体）项目公司与中标社会资本签署EPC合同，没有进行捆绑招标。如果一个PPP项目社会资本中标时，设计图纸尚未完善，SPV公司的管理层主要由中标社会资本派出，现实中社会资本往往只关注施工利润，而施工利润的多少又与工程总投资密切相关。这个时候，如果采用的是EPC总价合同，由于前期设计方案论证不够充分，由此留下诸多隐患，难以调解。如果采用的是单价合同，结算价格按照实际工作量据实调整，社会资本主导的SPV公司主观上很难有优化设计、节约投资的动力，项目后期结算、财政审核、审计势必工作量大、周期长，双方容易产生分歧，可能会影响可行性缺口补助的按期支付，并导致可行性缺口补助的实际支付额超出财政承受能力论证报告的计划支付额。

3. 工程监理的独立性问题

目前实行的工程监理制中，监理被定位为独立第三方，但是在"PPP+EPC"模式下，EPC承包商既是建设方又是工程施工方，因此工程监理的独立性得不到保障，建设过程中暴露的问题往往在事后才被发现。PPP项目往往集中在交通、运输、生态环保工程等大型项目上，而且建设的时间一般为2到6年，有时长达十几年或更长，在施工过程中管理难度大，涉及面广，对环境的影响大。而且在"PPP+EPC"合同条件下，工程设计工作由社会资本方进行，相应的设计错误和缺陷也是由社会资本方承担，社会资本方不仅要承担技术风险、现场条件风险、施工风险，还要承担设计风险。此时，如果工程监理不能保持独立性，工程总承包商将很难把控建设过程中的各种风险。

4. 工程总承包企业的运营能力问题

"PPP+EPC"模式是由工程总承包企业按照合同约定对PPP项目的可行性研究、勘察、设计、采购、施工、试运行（竣工验收）等实行全过程或若干阶段的承包，工程总承包企业应对承包工程的质量、安全、工期、造价全面负责。因此，对工程总承包企业的运营能力也提出了更高要求。但我国目前房屋建筑和市政行业从事工程总承包的企业，大多数还是沿用之前的设计或施工分阶段的管理体系，没有工程总承包的特定组织机构，不能有效发挥工程总承包的设计施工采购深度融合优势，甚至因为机构设置、人员配置、管理体系等不科学、不合理或缺失可能导致项目管理出现严重问题。比如震惊国内的"12.14"江西丰城发电厂三期扩建工程冷却塔施工平台坍塌特别重大事故，国务院事故调查组在有关单位责任认定中就指出，工程总承包单位存在管理意识薄弱、管理机制不健全、管理制度流于形式、管理人员无证上岗等管理体系建设的问题。

三、"PPP + EPC"模式的现实例证

(一)伪"PPP + EPC"模式例证分析

笔者在做 PPP 项目咨询与评审过程中,遇到的 EPC 项目并不少,但一些项目在实际操作中是由政府承担设计工作(某些项目的设计方案甚至在 PPP 项目实施方案制作前已通过审批),只是在 PPP 项目实施方案中将工程项目承包模式写为 EPC,将设计费用计入工程总投资,由中标社会资本方中标后将设计费用支付给政府部门,再由政府部门在项目运营期分期返还于中标社会资本方,这不过是缓解地方政府债务压力的资金运营模式,并不是真正意义上的"PPP + EPC"模式,是伪"PPP + EPC"模式。

这种运作方式一方面不能充分发挥"PPP + EPC"模式的优越性,不利于设计方案的优化,无助于项目成本的控制,不能帮助提高工程效率,也不能倒逼中标社会资本方提升管理人员综合素质;另一方面,采用伪"PPP + EPC"模式,人为做大项目总投资额,虽然缓解了地方政府一时的债务压力,但从长远来看,政府将付出更大的资金成本。

(二)成功例证分析

笔者认为,"PPP + EPC"模式的前身是"BOT + EPC"模式,只不过在此轮中国特色 PPP 建设浪潮中,有人将"BOT + EPC"模式改头换面为"PPP + EPC"模式重新推出而已。早在 2001 年,重庆市政府在渝陵高速公路的建设中率先采用了 BOT 模式,随后在渝遂高速、忠垫高速项目上相继实施该模式,并取得较好效果,重庆市进入新千公里高速公路建设阶段后,大部分公路项目面临着建设难度大、每公里造价高和收益回报率相对较低的状况,如果继续采用 BOT 模式,则政府必须给予投资人额外的补偿,否则就难以吸引投资人。但是,由于交通基础设施的投资过大,政府没有足够的财力以现金方式进行补偿。因此,在项目投资人招标时就将项目的设计和施工一并以总承包的方式承包给投资人,用项目的设计和施工利润来弥补 BOT 模式投资

收益的不足，从而达到吸引投资人的目的，即"BOT + EPC"模式，其实质上就是 PPP 模式的一种创新。近年来，随着 PPP 模式在全国的迅猛发展，成功适用"PPP + EPC"模式的项目越来越多，比如武汉市江夏区"清水入江"项目、广西北流市印塘圭江大桥及引道工程项目、安徽省宣城市阳德道路工程"EPC + PPP"项目。通过对这些案例进行分析，可以发现"PPP + EPC"项目要取得成功，应从以下几点着力。

（1）实行"PPP + EPC"整体采购。即 PPP 投融资模式与 EPC 承发包模式整体采购，采用固定总价合同。这样的操作模式一方面可以集思广益，让各家潜在社会资本在投标时即参与市场定位、产业策划、设计方案优化，使得设计方案更为合理，更符合市场需求；另一方面，减少设计变更甚至重大调改，从而降低项目总投资，减少政府不必要的支出。同时还可以增加项目的收益，减少项目后期纠纷，使项目得以顺利实施。

（2）做好充分的前期工作准备和采购流程设置，降低"PPP + EPC"模式下项目的交易风险和成本。采用"EPC + PPP"模式，对政府项目前期工作、政府采购管理、政府决策管理能力都提出了更具针对性的要求，对 PPP 咨询机构对项目全过程管理和投资控制的咨询能力也提出了较高的要求。项目实施机构应根据 EPC 设计方案和投资总价的竞争要求，委托设计单位编制初步设计方案并且对地质情况进行相对详细的勘察，给社会资本投标提供合理的投资参考资料，提高设计方案和可调总价竞争的可行性，降低社会资本的投标风险及政府与社会资本的交易风险成本。

（3）提高项目总承包企业的运营能力。一方面，设置设计监理机制，强化社会资本从投标设计方案到施工图阶段的设计监督，设置过程中的设计优化的绩效激励机制，保障全过程设计管理中政府和社会资本的边界清晰和管理主动性。另一方面，工程总承包企业必须做好充分的市场调查，做好市场预测工作和风险分担机制，加强管理人员的风险管理意识，建立有效的项目风险管理制度和措施，设立强有力的项目建设管理机构和运营管理机构，并设置专业人员。对项目从前期可行性研究、设计、施工、验收到运营整个项目过程中的各项活动进行有机的计划、组织、控制、协调，主要对工程的设计标准、质量、进度、费用等关键因素进行严密的控制，使各项指标控制在预期的范围之内。

（4）设置公正、公平的竞争机制，引入优秀民营企业（牵头）和央企联合体作为社会资本。对于"PPP + EPC"模式，大型央企相对具有更强的风险管理能力，而民营企业相对更追求创新和管理效益的发挥。"PPP + EPC"项目应设置公正、公平的竞争机制，合理评价各类社会资本的优势，吸引具有相对优秀的投融资管理、设计创新和投资管理能力的企业联合体通过公开竞争成为中标社会资本方。

四、结语

从入选全国 PPP 示范项目库的项目类型来看，真正适用"PPP + EPC"模式的项目并不多，虽然"PPP + EPC"模式并不适用于所有的 PPP 项目，但"PPP + EPC"模式一定是探索提升 PPP 项目质量管理的重要课题。我们要认识到该模式的优越性，正视其适用过程中存在的问题，吸收成功案例的经验，加快推进"PPP + EPC"模式的正确及高效适用。

做好特色小镇的引导者

——论政府在特色小镇建设过程中的角色与作用

　　城市化是当今世界的主要趋势，城市化水平的高低是衡量一个国家经济发展水平的重要指标。城市化是现代化的必由之路，特色小镇建设理应作为推进新型城镇化、促进城乡发展一体化的重要突破口。从 2016 年 7 月国家层面提出加快构建特色小镇以来，各地通过给补贴、给奖励、大投入等方式积极投资建设各类特色小镇。贵州黔南"天眼"小镇、安徽省三河镇特色小镇、杭州玉皇山南基金小镇、杭州"云栖小镇"、北京密云古北小镇等在规划与设计、投融资模式、商业运作模式方面都堪称范本，在全国各地掀起特色小镇建设热潮的今天，我们有必要对各地成功及失败案例进行分析，深入探讨政府在特色小镇建设中的角色与作用，为各级政府部门推进本地特色小镇建设提供经验与理论支持。

　　笔者认为，特色小镇的建设固然应由市场做主导，充分遵循市场规律，深入挖掘市场潜力，以保证特色小镇的持久发展，但同时政府的作用也不应忽视，只有政府在特色小镇建设中扮演好引导者、服务者、监督者三个角色，才能保证特色小镇的健康发展。鉴于篇幅，本文将结合媒体案例以及自身经历着重探讨政府在特色小镇建设中的引导作用。

一、引导特色小镇的设计与规划——打造特色商业模式

　　政府承担城市总体规划职能，在特色小镇立项过程中更不能缺位，必须

引导特色小镇的规划与设计。首先，要注重选址的艺术。特色小镇突出的就是"特"，除了自然景观，主要是指产业特色，无论是制造业还是服务、文化、旅游业等，都是当地的特色产业，具有独一无二、不可复制、不可替代性。我们常说"顺势而为"，在特色小镇建设方面，政府更要找准当地优势，找到建设的着力点。其次，要做好特色小镇的规划与设计。政府应在充分挖掘本地特色资源的基础上做好特色小镇的整体规划工作，找到能促进特色小镇长期稳定发展的商业模式。

通过对各地成功案例的梳理以及对住建部、国家发展改革委、财政部《关于开展特色小镇培育工作的通知》精神的理解，笔者认为，特色小镇可以划分为以下七种商业模式。

（1）产业发展型模式。产业发展型模式的特点是产业优势和特色明显，基本形成"一村一品""一乡一业"，产业向做特、做精、做强发展，新型产业成长快，传统产业改造升级效果明显，充分利用"互联网＋"等新兴手段，推动产业链向研发、营销延伸。以依托阿里巴巴云公司和转塘科技经济园区两大平台打造的杭州云栖小镇为代表。

（2）生态保护型模式。生态保护型模式多在生态优美、环境污染少的地区。自然条件优越，水资源和森林资源丰富，具有传统的田园风光和乡村特色，生态环境优势明显。一般这些地区适宜发展生态旅游。如贵阳龙凤湿地古镇、四川宜宾枫湾镇就是比较典型的例子。

（3）文化传承型模式。文化传承模式适用具有特殊人文景观包括古村落、古建筑、古民居以及传统文化的地区，其特点是乡村文化资源丰富，具有优秀民俗文化以及非物质文化，文化展示和传承的潜力大。如明清古村落聚集的福建省福州市永泰县嵩口镇。

（4）高效农业型模式。高效农业型模式主要在我国的农业主产区，其特点是以发展农业作物生产为主，农田水利等农业基础设施相对完善，农产品商品化率和农业机械化水平高，人均耕地资源丰富，农作物秸秆产量大。如陕西省杨凌五泉镇。

（5）城郊集约型模式。城郊集约型模式主要存在于大中城市郊区，其特点是经济条件较好，公共设施和基础设施较为完善，交通便捷，农业集约化、规模化经营水平高，土地产出率高，农民收入水平相对较高，是大中城市重要的"菜篮子"基地。如上海市松江区泖港镇，地处上海市松江区南部、黄浦江南岸，是松江浦南地区三镇的中心，该镇的发展不倚靠工业，而是依托"气净、水净、土净"的独特资源优势，大力发展环保农业、生态农业、休闲农业，成为上海的"菜篮子"，服务于以上海为主的周边大中城市。

（6）资源整合型模式。所谓资源整合就是把来自不同方向、不同层次、不同属性、不同内容的资源进行优化配置、有机融合的过程，从而创造出新的价值体系来。比如江西省上饶市婺源县江湾镇，就是融农业服务、旅游发展、历史文化于一体的整合型特色小镇。

（7）休闲旅游型模式。休闲旅游型模式是指依靠某类具有开发价值的自然景观或人文景观，以旅游服务和休闲产业为主的小城镇，也是一种以商业街区为主要形态，休闲聚集与居住聚集混合的小镇旅游策划综合开发项目。如休闲古镇、旅游小镇、温泉小镇、艺术小镇、时尚小镇等。这种模式主要是在适宜发展乡村旅游的地区，其特点是旅游资源丰富，住宿、餐饮、休闲娱乐设施完善齐备，交通便捷，距离城市较近，适合休闲度假，发展乡村旅游潜力大。比如北京市密云古北小镇。

各地政府要充分考虑自身优势，找准定位，做好特色小镇的规划工作，切忌为了追求政绩盲目上马。笔者在为政府提供咨询服务时就遇到了不少对特色小镇定位不准、规划不合理的情况。

案例一：郑州某特色小镇。该镇地理位置优越，处于中原经济发展的重点地区，该地政府想把小镇打造成为融科技农业、旅游产业、房地产业、教育产业、创意文化产业、会展产业、文化休闲产业于一体的资源整合型特色小镇。为抢进度，多个项目在未经整体规划论证的情况下盲目上马：南方某集团公司出资建设别墅群，投资一百多亿元，占地近千亩，后因土地性质及规划等问题办不了房产证，出现了大量烂尾楼；该集团公司下属子公司在该镇投资建设现代农业科技产业园，试图发展现代农业、休闲农业，但由于没有做好规划，没有找准园区的盈利点，使得园区在开放火爆过一段时间后就再也无人问津，园区内部土地、场馆闲置情况严重，甚至连土地租金也付不起。笔者认为，该小镇的阶段性失败主要归咎于政府的规划失误，未找准可支撑小镇长远发展的特色商业模式。一方面，政府要切忌将特色小镇变身为房地产小镇，在特色小镇建设中，房地产固然是一个盈利点，但要防范房地产成为特色小镇建设的主导方式，要在特色小镇形成产业集聚、人才引进后，房地产开发商才可以建造住宅作为配套服务，这样才能避免一些房企以开发特色小镇的名义拿下大面积的便宜土地侧重房地产开发，背离政府建设特色小镇的初衷；另一方面，对于实行资源整合型商业模式的特色小镇，政府要对多个产业进行整体规划、整体论证，对社会资本方提出的商业运作模式予以充分调研论证，确保上马的项目能进入良性循环，避免资源的闲置与浪费。

案例二：安阳某特色小镇。该镇位于太行山下，风景秀美，该地政府准备打造休闲旅游型商业模式。经过实地勘查，笔者发现以下问题：①虽然该地风景较好、空气新鲜，但周边其他类似风景区名气更大、风景更美，旅游资源上没有体现出"特色"；②该地距离县级市一小时车程，距离安阳市两个小时车程，距离河南省会郑州三个小时车程，地理区位优势不明显；③该地特色农产品单一，政府主推菊花产业，菊花只有在秋天盛开，其他季节不仅没有特色农产品，也没有其他特色风景。笔者认为，该地特色小镇项目上马条件不成熟，政府应从小镇的设计与规划入手，找到适合的商业模式，比如发展其他特色农业、通过引水工程增添小镇魅力发展休闲旅游业等，使小镇真正拥有"人无我有，人有我优"的特色旅游资源，保证小镇的长期健康发展，真正为当地民众谋福利。

二、引导投融资模式创新——倡导 PPP 模式

虽然国家相继出台了各项优惠鼓励政策，但建设特色小镇仍面临着资金投入大、回收周期长的巨大挑战。特色小镇的建设是社会多方资源对接、

配合的综合表现。融资主要来自开发性金融、政府资金、政策性资金、社会资本、商业金融五种渠道。多个投资平台的参与，在缓解政府财政压力的同时，将为特色小镇发展提供强有力的资金支持，从而盘活小镇特色产业的发展。

要探寻特色小镇融资模式，我们有必要对各种融资渠道进行深入探讨。

（1）开发性金融发挥"特殊作用"。开发性金融是实现政府发展目标，弥补体制落后和市场失灵，助力国家经济金融安全维护，增强竞争力的一种金融形式。在特色小镇建设中，开发性金融主要承担长期融资的任务，针对瓶颈领域，提供大额长期资金，主要包括基础设施、基础产业、特色产业等领域的建设资金问题。

（2）政府资金发挥"杠杆作用"。政府资金在特色小镇的融资渠道中起着引导和牵头作用。例如：国家发展改革委等有关部门对符合条件的特色小镇建设项目给予专项建设基金支持，中央财政对工作开展较好的特色小镇给予适当奖励。

（3）政策性资金发挥"推力作用"。政策性资金是指国家为促进特色小镇发展而提供的财政专项资金。例如：中国农业发展银行要将小城镇建设作为信贷支持的重点领域，以贫困地区小城镇建设作为优先支持对象，统筹调配信贷规模，保障融资需求。开辟办贷绿色通道，对相关项目优先受理、优先审批，在符合贷款条件的情况下，优先给予贷款支持，提供中长期、低成本的信贷资金。

（4）社会资本发挥"主体作用"。在特色小镇建设中，引入社会资本，不仅有利于缓解政府财政压力，提高特色小镇的建设效率，对民营企业来说还可以获得直接或衍生利益。

（5）商业金融发挥"促进作用"。在特色小镇的建设中，往往通过 PPP 融资途径实现商业金融，作为投资主体的商业银行既要成为 PPP 项目服务商，又要成为规范者和促进者。

就五种融资渠道而言，开发性金融、政府资金、政策性资金都是政府直接出资或者负债，会增加政府财政负担。党的十八大以来，我国经济发展进入新常态，在国家严格控制地方债规模的情况下，单纯依靠这三种融资模式来进行特色小镇建设显然不合时宜。应创新融资模式，大力倡导通过 PPP 模式（政府与社会资本合作的方式）融资。从理论上看，PPP 模式能够有效地综合使用财政资金和社会资本，弥补特色小镇资金缺口，丰富资金来源。此外，政府和社会资本可以发挥自身优势在项目的不同阶段管控相应风险，降低和分散风险，提高特色小镇建设的效率。从实践来看，一些关于特色小镇 PPP 模式的创新案例也得到了业界的认可，如油岭生态旅游小镇项目，2016 年 10 月 14 日，中国电力建设集团有限公司与广东省清远市连南县签署 PPP 项目战略合作框架协议，协议规定，双方将积极利用国家及各级政府鼓励的 PPP 模式，投资打造油岭生态旅游特色小镇为起点，扩大到连南全县全域旅游项目。具体项目建设将包括全县范围内的道路等基础设施，古建筑保护，生态环境保护，水环境治理，新景区开发与运营，学校、医院、污水处理等项目的规划、设计、建设和运营等。

PPP 模式固然能很好地解决特色小镇建设的资金问题，但各地政府要加强理论学习，深入了解 PPP 模式运作原理，不能坠入别有用心的社会资本方设置的"甜蜜陷阱"，不能推行"伪 PPP"。

笔者在接受政府咨询时，曾遇到这样一个案例：周口市某地政府响应国家政策，准备以 PPP 模式融资建设旅游小镇，在与我国香港地区的社会资本方接洽时，对方开出以下优惠条件：①项目公司成立后，政府方投资公司占股 60%，社会资本方占股 40%，由社会资本方代替政府实际出资；②由社会资本方单独承担项目公司债务；③在项目结束之后，由政府方向社会资本方回购股权，其出资价格为不低于社会资本方出资额的 10%，若有分期出资的则按照实际出资的时间另行计算；④由社会资本方人员担任公司高管。这四个条件从表面上看确实很有诱惑力：政府不用出一分钱就能成为项目公司的大股东，能建成特色小镇，还能享受国家的优惠政策。但这些条件也具有明显违法性。

（1）因为政府方投资公司为国有独资公司，所以其出资行为包括出资金额、投资对象、投资比例以及股权转让应遵照国有资产投资转让的法律规定，履行相应的法律程序，双方约定的出资程序不明确，转让程序没有体现国有资产转让应经过公开评估、公开转让、批准生效等规定，股权回购程序不合法。

（2）双方约定运营过程中所有负债均由社会资本方承担，没有可操作性，因为双方所组成的项目公司是债务主体，对经营过程中所产生的债务自然应当由项目公司承担，社会资本方不可能单独承担，该约定对债权人也不产生法律效力。应当指出的是，本项目公司如果运营不善，产生对外债务，或者社会资本方没有按章程的规定足额代为政府方出资，将会产生由政府方补足项目投资的法律风险。

（3）双方约定的 10% 回报，违背了股权投资不能有兜底回报，只能根据企业经营的实际情况在税后进行利润分红的规定，容易被认定为名为股权投资，实为债务投资的法律风险。

（4）本项目的另一个大风险是，本质上判断，该项目公司名义上是国有控股公司，而实质为民营投资公司，在对外负债经营过程中，对债权人产生国有投资的假象，当出现债务不能清偿的情况下，容易被司法机关认定为欺诈行为，损害政府公信力，并须承担相应的民事责任，甚至在项目公司经营不善出现严重危机时，因政府方为控股方，项目公司的亏损和负债需要政府兜底，存在债权人和公众对政府产生不满，产生上访、游行、抗议等风险。

（5）因为本项目公司名为国有控股公司，实为私有企业经营，容易对项目公司的成本管理、采购管理、造价管理、财务管理监督缺位造成失控，公司章程上规定的公司高管主要由社会资本方人员担任，政府方对项目公司缺乏必要的控制，容易导致政府方对项目公司管理失控，在企业经营不善需要政府兜底的情况下，造成国有资产的流失，可能会造成相关主管人员违法渎职的风险。因此，社会资本方提出的"诱人"条件不具备合法性和可操作性，存在利用政府方资信骗贷之嫌，政府方在利用 PPP 模式进行融资时要慎之又慎。

自 2016 年下半年开始，关于特色小镇的利好政策接连而出，全国各地政府部门在积极响应国家政策时，要做好特色小镇的引导者：一方面，引导特色小镇的设计与规划，帮助小镇打造特色商业模式；另一方面，引导投融资模式创新，倡导采用 PPP 模式推进特色小镇建设，鼓励社会资本方加入特色小镇建设的大潮中，如此才能更好地发挥政府部门统筹全局的作用，更好地推进特色小镇建设。

关于 PPP 项目实务的几个共性问题

在与地方政府和企业 PPP 工作人员接触过程中，笔者曾被问到诸多关于 PPP 项目实务的问题，现将一些共性问题梳理如下。

一、如何识别变相 BT 模式并将其转化成为 PPP 项目

BT 是指企业获得政府的授权后出资和贷款为政府建设项目，在项目建成后交给政府使用，政府在 2~4 年内向企业分期支付（即回购），回购款多通过财政拨款或其他资源补偿，如土地补偿。2012 年 12 月已被中央有关部门严格控制（财预〔2012〕463 号通知），BT 也不属于本轮所推广的 PPP 模式的范畴。

变相 BT 的模式：合作期限小于 10 年；明股实债项目（"债权人"的固定收益和安全退出需求）；明确回购条款（回购期、回购时限）。

将 BT 项目转为 PPP 项目的措施：措施一，将非经营性项目与其他经营性项目或非经营性项目或者相关资源开发权加以捆绑（BT + RCP）；措施二，通过增加运营维护（如 BTO）、资产租赁（如 BTL）来转化模式。措施三，采用政府购买服务。

要正确认识 BOT 运作模式中的"O"：BOT 中的"O"不特指特许经营，对于"政府付费"类项目，因无经营收入，此处"O"有诸多争议，笔者认为，此模式的"O"可以理解为运维。实际操作中，根据不同类型的特征，定义"O"的内容和范围，划分核心业务和非核心业务，划分主业和副业。

二、地方政府融资平台公司可以作为社会资本参与吗

本级人民政府的融资平台公司原则上不得作为社会资本方参与本级政府辖区的 PPP 项目。但是《关于在公共服务领域推广政府和社会资本合作模式指导意见的通知》（国办发〔2015〕42 号）第十三条规定：明确公告今后不再承担地方政府举债融资职能的政府融资平台，不受上述限制；公告了不再承担举债融资职能，但是仍属于本级融资平台的，仍然不得作为社会资本方参与本级政府辖区 PPP 项目。

三、金融机构如何参与 PPP 项目

第一，作为项目投资者和政府直接合作。如产业基金，通过上市或者股权转让的方式退出，银行不可以作为投资者直接投资。

第二，为项目公司提供融资。

四、社会资本如何发起 PPP 项目

社会资本发起的项目，编制项目建议书，提报政府方，政府方组织编制初步实施方案，由政府方按照规范的程序进行项目的操作，若发起者未能中标，则政府方给予社会资本方一定的前期投入补偿。

五、为何做 PPP 项目实施方案之前要有可行性研究报告

PPP 可行性研究报告是对 PPP 项目的市场前景、项目建设规模、工艺路线、设备选型、环境影响、资金筹措、盈利前期等方面的研究，从技术、经济、工程的角度对项目进行调查研究和分析比较，为项目决策提供咨询意见，笔者认为，PPP 可行性研究报告是十分必要的。

PPP 项目可行性研究报告相较传统可行性研究报告的重难点体现在以下五个方面：一是 PPP 项目可行性研究报告考虑公共项目融资成本；二是 PPP 项目可行性研究报告针对打包项目进行全面咨询服务；三是 PPP 项目可行性研究报告为是否采用 PPP 模式提出指导意见；四是 PPP 项目可行性研究报告重视运营维护成本的测算；五是 PPP 项目可行性研究报告提供未来市场分析和盈利预测。

六、PPP 项目领导小组组成及主要职责

建立 PPP 项目领导小组，可以针对 PPP 项目专门设立，也可以针对某行政区域内所有 PPP 项目而设立。由财政、审计、国土、规划、城建、环保、物价、交易中心、法制办等部门主要负责人组成。PPP 工作领导小组主要承担 PPP 项目筛选、实施方案的联合审查、政府配套政策的保障、合同谈判等工作，保障项目落地和执行。

七、PPP 项目的最低需求保障与政府保底承诺有何区别

PPP 项目的最低需求保障即"最低使用量付费"是政府与项目公司约定一个项目的最低使用量，通常称为"保底量"，最低使用量的付费安排可以在一定程度上降低项目公司承担实际需求的风险，提高项目的可融资性。

政府保底承诺，又称"固定回报"，是指政府对社会资本投资基础设施项目、提供公共服务的投资，明确约定一个最低或固定的回报率。

八、政府可以提供哪些配套支持

政府方在项目操作过程中提供以下配套支持。

第一，保障项目供地。对于符合划拨用地目录的项目，可按划拨方式供地，划拨土地不得改变土地用途，不符合划拨用地目录的项目，以租赁方式

取得土地使用权的，租金收入参照土地出让收入纳入政府性基金预算管理。以作价出资或者入股方式取得土地使用权的，应当以市、县人民政府作为出资人，制定作价出资或者入股方案，经市、县人民政府批准后实施。

第二，提供项目定价及调价支持政策。对于采用政府定价的 PPP 项目，在制定项目定价后，应当保障项目公司能够按照既定的调价机制对项目收费标准进行调整，以保障其能够获取合理的项目收益。

第三，财政支持安排。对于需要政府付费或支付补贴的 PPP 项目，在制定项目定价后，应当保障政府方的一切支出均纳入政府财政预算、中长期财政规划。地方政府在进行项目采购程序中，可以根据项目需要出具纳入预算及中长期财政规划的承诺，并形成纳入预算的人大或其常委会决议。

第四，提供项目立法保障措施。县级以上人民政府可以根据项目需要制定适用于本级政府的地方性规范性文件。

九、PPP 项目进行市场测试有必要吗

市场测试是指在 PPP 项目正式采购程序前，政府方用以检验自己有关项目的方案设想是否符合市场参与主体的意愿，借此获取各类市场参与主体的反馈。目前多采用发放市场测试问卷、发布市场测试公告、一对一交流、举办市场测试会等方式进行。

市场测试将有助于项目实施机构和咨询机构了解社会资本方对项目的关切所在，进一步优化实施方案，检测项目方案的吸引力，吸引综合实力强的企业参与，形成有效的市场竞争，为项目落地提供保障。笔者认为，该环节虽然未成为必需的操作环节，但是十分必要和重要。

十、可以"两标合一标"吗

根据《招标投标法实施条例》第九条第一款第（三）项规定，已通过招标方式选定的特许经营项目投资人依法能够自行建设、生产或者提供的，可

以不进行招标。据此，通过招标方式选定的 PPP 项目投资人自身具备承包资质的，承接工程承包任务时依法可以不用招标。

财政部《关于在公共服务领域深入推进政府和社会资本合作工作的通知》（财金〔2016〕90 号）第九条规定："对于涉及工程建设、设备采购或服务外包的 PPP 项目，已经依据政府采购法选定社会投资方的，合作方依法能够自行建设、生产或者提供服务的，按照《招标投标法实施条例》的规定，合作方可以不再进行招标。"

十一、项目资本金与项目公司注册资本有什么关系

项目资本金是指在 PPP 项目总投资中，由社会资本按协议投资比例认缴的非债务性资金。社会资本可按其出资的比例依法享有所有者权益，也可转让其出资，但不得以任何方式抽回。项目资本金可用货币出资，也可以用实物、产权、非专利技术、土地使用权等作价出资。

最新的资本金规定：《国务院关于调整和完善固定资产投资项目资本金制度的通知》（国发〔2015〕51 号）规定，城市轨道交通项目由25%调整为20%，港口、沿海及内河航运、机场项目由30%调整为25%，铁路、公路项目由25%调整为20%。

项目注册资本是公司登记机关依法登记的全体股东或者发起人认缴的出资额，与项目资本金的性质完全不同。

十二、政策性银行贷款与 PPP 项目融资有什么关系

政策性银行不以营利为目的，专门为贯彻、配合政府社会经济政策或意图，在特定的业务领域内，直接或间接地从事政策性融资活动。国家开发银行、中国进出口银行、中国农业发展银行为我国三大政策性银行。国家开发银行，主要承担国内开发型政策性金融业务。中国进出口银行，主要承担大

型机电设备进出口融资业务。中国农业发展银行，主要承担农业政策性扶持业务。

笔者认为：政策性银行贷款和 PPP 项目融资并不矛盾，PPP 项目运作解决的并不只是融资问题，更多的是项目运作管理问题，在 PPP 项目运作过程中若能争取到政策性银行贷款，则将大大促进项目落地实施。

十三、社会资本退出的方式有哪些

（1）资产移交退出：合作期限届满、政府通过与社会资本的合作达到了互利共赢的经济效果和社会效应的情况下，由双方协调处理 PPP 项目资产的移交工作及运营管理的接管，社会资本从而实现退出。

（2）股权转让退出：社会资本通过向项目公司内部股东或第三方转让股权的方式实现退出。

（3）资产证券化方式退出：项目运营稳定后，项目公司股东可以通过将项目公司资产注入上市公司、发行资产证券化产品等资本市场获得投资收益，实现投资的退出。

十四、PPP 资产可以资产证券化吗

资产证券化又分为信贷资产证券化和企业资产证券化。企业资产证券化的发行主管部门为证监会。资产证券化业务本质是一种债务融资，主要特点如下。

（1）目前，资产证券化业务实行事后备案制，由中国证券投资基金协会负责办理备案手续。

（2）企业介入融资门槛低。即使是资信度不高的企业，只要有优质资产及稳定现金流，就可以设计资产证券化产品。

（3）融资成本低。一般会高于同期银行存款利率，但明显低于同期银行贷款利率水平及其他债务融资品种成本。

（4）操作相对简便易行。

（5）期限结构灵活设计。

（6）资金用途不受限制。

十五、土地出让和 PPP 招标可以一起实施吗

土地出让和 PPP 招标可以一起实施。国土资源部办公厅《关于印发〈产业用地政策实施工作指引〉的通知》（国土资发〔2016〕38 号）中明确规定：采用政府和社会资本合作方式实施项目建设时，相关用地需要有偿使用的可将通过竞争方式确定项目投资主体和用地者的环节合并实施。

PPP 模式下社会资本方选择
方式探析与研究

    PPP 是舶来品，PPP 模式引入中国经历了一个从特许经营项目探索开始到现在在基础设施和公共服务领域广泛运用的过程。PPP 的回报机制也从一开始的以使用者付费为主到现在的政府付费、可行性缺口补助、使用者付费三种模式并行的局面。虽然 PPP 模式在我国探索已经有十几年的时间，但对 PPP 模式的集中广泛运用还是十八届三中全会通过的《中共中央关于全面深化改革若干重大问题的决定》以后。《中共中央关于全面深化改革若干重大问题的决定》明确指出：允许地方政府通过发债等多种方式拓宽城市建设资金，允许社会资本通过特许经营等方式参与城市基础设施投资和运营。此后，国务院、财政部、国家发展改革委等部门频发通知，对 PPP 工作进行推广和指导，PPP 模式像雨后春笋般发展起来。特别是《预算法》修改以后，中央对地方债务收紧，地方政府除通过省级人民政府代为发行债券外没有其他任何举债渠道，而 PPP 不列入地方债范围，很好地解决了地方政府在不能举债的背景下基础设施和公共服务资金瓶颈问题，各地对 PPP 的积极性都很高。但是，PPP 项目通常都涉及重大公共利益，选择什么样的社会资本来投资 PPP 项目事关公共利益能否顺利实现，也关系到公共利益实现的程序公正问题。但是，在 PPP 项目的操作中，PPP 采购的法律规定比较散乱，地方政府对采购模式的选择比较混乱，甚至对 PPP 采购的理论上也存在重大争议。例如，对 PPP 采购的性质如何确定？PPP 项目采购依据的上位法是什么？如何根据项目实际制定适格的采购模式？如何简化 PPP 项目采购程序？对 PPP 项目社会资本方的选择及项目用地招拍挂、工程的发包能否一并采购？如何体现 PPP 项目采购程序公正，让社会公众看见 PPP 项目采购的程序公正？所以，围绕 PPP 项目采购问题展开研究，通过对现有制度的梳理和法理分析，明辨其问题和问题的根源，寻求规范和解决的路径十分重要。

一、PPP 采购的概念、本质及特点

（一）PPP 采购的概念

PPP 采购即 PPP 项目采购，有广义、狭义之分，这里所说的是狭义的 PPP 采购，指的是 PPP 项目中社会资本方的选择。

PPP 采购的对象是 PPP 项目的社会资本方。社会资本方指 PPP 项目公共产品的提供者，可以是一家企业，也可能是几个企业的联合体。社会资本方通常通过设立专门的项目公司来实现公共产品的提供，也可以由中标的社会资本方直接完成项目任务，直接提供公共产品。

（二）PPP 采购的本质

PPP 采购的本质是采购公共产品的提供者，属于一种公共采购，是关系公共利益的一种政府采购之外的公共采购。具有强烈的公共属性。

（三）PPP 采购的特点

1. 强烈的公共属性

为保证公共利益的实现，PPP 采购必须公开、公平、公正。为保证公开性必须首推选择公开竞争方式采购，必须全程及时公开发布相关采购信息，接受社会和公众监督。

2. 采购标的的复合性

PPP 采购的对象是公共产品，公共产品的提供需要融资、建设、运营。所以，采购标的是一种复合标的，区别于传统的融资采购、工程采购、运营采购。这在采购规则的适用上必然要求兼顾上述复合性要求，得既满足采购

人需求，又满足各采购标的规则要求。综合采购要求并不等同于单项采购要求的相加。

3. 采购政策的强制性选择

由于 PPP 采购的公共利益属性，导致 PPP 采购具有严肃的政策强制性，必须严格依规采购，现在依据的是政府采购程序。

4. 采购规则的不完整性

目前 PPP 采购规则不完整，政策条块化、碎片化，缺少系统性，可操作性差。

5. 采购实践的探索性

由于 PPP 是新生事物，且整个 PPP 领域政策不完整，经验缺乏，需要在实践中不断总结，不断创新，才能够逐步成熟和完善。

6. 采购理论研究的空白性

对 PPP 采购缺乏理论研究，在理论上存在重大误区和争议。比如 PPP 和政府采购的关系，有人认为 PPP 就是一种政府采购，理应适用政府采购程序；而笔者认为，PPP 是由政府主导的、具有强烈公共属性、以社会资本投资为主体的政府和社会资本合作项目，PPP 采购是一种区别于政府采购的公共采购，应制定专门的 PPP 项目采购程序。

7. 突出的专业性

PPP 采购涉及法律、金融、工程、造价、政策、采购等多种专业，涉及前沿的理论和政策把握，涉及对复杂 PPP 方案的理解（编制招标文件资格预审文件的依据是经政府批准的"两评一案"），一般的招标代理机构已经不能胜任，需要专业的 PPP 团队。

二、关于现存 PPP 采购的法律、行政法规、规章、规范性文件

关于 PPP 采购的直接法律规定主要有《政府采购法》《招标投标法》《预算法》《政府采购法实施条例》《招标投标法实施条例》《政府和社会资

本合作项目政府采购管理办法》（财库〔2014〕215 号）、《政府和社会资本合作项目财政管理暂行办法》（财金〔2016〕92 号）、《政府采购竞争性磋商采购方式管理暂行办法》（财库〔2014〕214 号）、《政府采购管理暂行办法》（财预字〔1999〕139 号）、《政府采购非招标采购方式管理办法》（财政部〔2013〕74 号令）、《关于联合公布第三批政府和社会资本合作示范项目加快推动示范项目建设的通知》（财金〔2016〕91 号，其规定了 PPP 项目用地供应及用地供应两标合一标的问题）、《关于在公共服务领域深入推进政府和社会资本合作工作的通知》（财金〔2016〕90 号，其规定了社会资本和工程采购两标并一标的问题）等。

三、现有法律框架下 PPP 项目采购模式

财政部《政府和社会资本合作项目政府采购管理办法》（财库〔2014〕215 号）第一条规定："为了规范政府和社会资本合作项目政府采购（以下简称 PPP 项目采购）行为，维护国家利益、社会公共利益和政府采购当事人的合法权益，依据《政府采购法》和有关法律、行政法规、部门规章，制定本办法。"第二条规定："本办法所称 PPP 项目采购，是指政府为达成权利义务平衡、物有所值的 PPP 项目合同，遵循公开、公平、公正和诚实信用原则，按照相关法规要求完成 PPP 项目识别和准备等前期工作后，依法选择社会资本合作者的过程。PPP 项目实施机构（采购人）在项目实施过程中选择合作社会资本（供应商），适用本办法。"第四条规定："PPP 项目采购方式包括公开招标、邀请招标、竞争性谈判竞争性磋商和单一来源采购。"《政府采购法》规定了公开招标、邀请招标、竞争性谈判、询价、单一来源五种采购方式。财政部的上述规定同政府采购法的规定并不完全相同。其中去掉了询价，增加了竞争性磋商程序。竞争性磋商是财政部单独规定的一个政府采购程序，财政部《关于印发〈政府采购竞争性磋商采购方式管理暂行办法〉的通知》（财库〔2014〕215 号）中指出，为了深化政府采购制度改革，适应推进政

府购买服务、推广政府和社会资本合作（PPP）模式等工作需要，特制定本办法。可见，竞争性磋商是财政部为了满足 PPP 及其他采购需求而自行设立的一个新的采购方式。

四、PPP 采购模式的适用规则

（一）优先采用公开招标、竞争性谈判、竞争性磋商等竞争性方式选择社会资本方

财政部《政府和社会资本合作项目财政管理暂行办法》（财金〔2016〕92 号）规定：PPP 采购应当优先适用公开招标、竞争性谈判、竞争性磋商等竞争性方式选择社会资本方。鼓励社会资本积极参与、充分竞争。

（二）根据项目需求必须采用单一来源采购方式的，应当严格符合法定条件和程序

（三）在公开竞争方式中优先适用公开招标

关于 PPP 项目政府的采购方式，应存在先后顺位，对于重大的基础设施建设或者涉及国计民生的或者涉及投资数额较大（具体已限额标准为准）的要优先使用公开招标模式，在选用公开招标模式不能实施的情况下再考虑其他模式。对此，《基础设施和公用事业特许经营管理办法》第十五条规定："实施机构根据经审定的特许经营项目实施方案，应当通过招标、竞争性谈判等竞争方式选择特许经营者。特许经营项目建设运营标准和监管要求明确、有关领域市场竞争比较充分的，应当通过招标方式选择特许经营者。"该条也对特许经营项目应当通过招标方式选择特许经营者作出了具体的要求。这进一步说明了 PPP 项目政府的采购方式具有一定的顺位要求，因此招标方式作为政府采购方式中应该优先使用的采购方式。《招标投标法》第三条规定："在中华人民共和国境内进行下列工程建设项目包括项目的勘察、设计、施工、监理以及与工程建设有关的重要设备、材料等的采购，必须进行招标：（一）大型基础设施、公用事业等关系社会公共利益、公众安全的项目；

（二）全部或者部分使用国有资金投资或者国家融资的项目；（三）使用国际组织或者外国政府贷款、援助资金的项目。前款所列项目的具体范围和规模标准，由国务院发展计划部门会同国务院有关部门制订，报国务院批准。"《工程建设项目招标范围和规模标准规定》第二条规定："关系社会公共利益、公众安全的基础设施项目的范围包括：（一）煤炭、石油、天然气、电力、新能源等能源项目；（二）铁路、公路、管道、水运、航空以及其他交通运输业等交通运输项目；（三）邮政、电信枢纽、通信、信息网络等邮电通讯项目；（四）防洪、灌溉、排涝、引（供）水、滩涂治理、水土保持、水利枢纽等水利项目；（五）道路、桥梁、地铁和轻轨交通、污水排放及处理、垃圾处理、地下管道、公共停车场等城市设施项目；（六）生态环境保护项目；（七）其他基础设施项目。"《工程建设项目招标范围和规模标准规定》第七条规定："本规定第二条至第六条规定范围内的各类工程建设项目，包括项目的勘察、设计、施工、监理以及与工程建设有关的重要设备、材料等的采购，达到下列标准之一的，必须进行招标：（一）施工单项合同估算价在 200 万元人民币以上的；（二）重要设备、材料等货物的采购，单项合同估算价在 100 万元人民币以上的；（三）勘察、设计、监理等服务的采购，单项合同估算价在 50 万元人民币以上的；（四）单项合同估算价低于第（一）、（二）、（三）项规定的标准，但项目总投资额在 3000 万元人民币以上的。"根据以上规定，PPP 项目一般涉及大型基础设施、公用事业等关系社会公共利益、公众安全的项目且数额标准较大，从资金来源上一般属于全部或者部分使用国有资金投资或者国家融资的项目，因此，依照法律规定应当优先使用招标方式。因此，对于 PPP 项目动辄上亿甚至上百亿的项目，结合以上规定从 PPP 项目的规模标准上应当属于必须进行招标的项目。

（四）公开招标适用于项目合同条件技术参数明确、边界清晰的项目

（五）竞争性磋商适用于技术复杂或者性质特殊，不能确定详细规格或者具体要求的 PPP 项目

财政部《关于印发〈政府采购竞争性磋商采购方式管理暂行办法〉的

通知》（财库〔2014〕215 号）中指出，为了深化政府采购制度改革，适应推进政府购买服务、推广政府和社会资本合作（PPP）模式等工作需要，特制定本办法。竞争性磋商作为首个"国务院政府采购监督管理部门认定的其他采购方式"，从适用范围来说，根据《政府采购竞争性磋商采购方式管理暂行办法》第三条："符合下列情形的项目，可以采用竞争性磋商方式开展采购：（一）政府购买服务项目；（二）技术复杂或者性质特殊，不能确定详细规格或者具体要求的；（三）因艺术品采购、专利、专有技术或者服务的时间、数量事先不能确定等原因不能事先计算出价格总额的；（四）市场竞争不充分的科研项目，以及需要扶持的科技成果转化项目；（五）按照招标投标法及其实施条例必须进行招标的工程建设项目以外的工程建设项目。"

（六）拟确定的采购程序应当经采购管理部门批准。采用非招标方式采购的要按照《政府采购非招标采购方式管理办法》（财政部〔2013〕74 号）的规定履行相应的批准程序

（七）对于涉及工程建设、设备采购或服务外包的 PPP 项目，已经依据政府采购法选定社会资本合作方的，合作方依法能够自行建设、生产或者提供服务的，合作方可以不再进行招标

"两标并一标"指的是社会资本方招标采购和工程招标合二为一，这是实践中地方政府和业界都十分关注且亟待立法回答的问题。《关于在公共服务领域深入推进政府和社会资本合作工作的通知》（财金〔2016〕90 号，本文下称 90 号文件）规定，"九、简政放权释放市场主体潜力。……对于涉及工程建设、设备采购或服务外包的 PPP 项目，已经依据政府采购法选定社会资本合作方的，合作方依法能够自行建设、生产或者提供服务的，按照《招标投标法实施条例》第九条规定，合作方可以不再进行招标"。依据该条实践中 PPP 项目的采购都采用了"两标合一标"的模式。

（八）依法需要以招拍挂方式供应土地使用权的宗地或地块，在市县国土资源主管部门编制供地方案、签订宗地出让（出租）合同，开展用地供后监督的前提下，可将通过竞争方式确定项目投资方和用地环节合并实施。［见财政部《关于联合公布第三批政府和社会资本合作示范项目加快推动示范项目建设的通知》（财金〔2016〕91号）相关规定］

五、存在的问题

（一）把 PPP 采购当成政府采购，将《政府采购法》作为 PPP 采购的上位法是最大的理论误区

财政部和国家发展改革委在各自的规范性文件中都对 PPP 作出定义，但是这些定义都是对 PPP 外延特征的描述，并没有揭示 PPP 的真实内涵和本质含义，国务院法制办《基础设施和公共服务领域政府和社会资本合作条例（征求意见稿）》（本文下称《条例（征求意见稿）》）第二条也对 PPP 进行了定义，这个定义综合了财政部和国家发展改革委的内容，但仍然没有突破财政部和国家发展改革委单从行为特征上对 PPP 进行定义的模式，没有揭示 PPP 的内涵。政府和社会资本合作的真实含义是将由政府控制的基础设施和公共服务领域通过 PPP 的模式有条件地向社会资本开放，使政府作为公共产品的单一提供者改变为由政府和社会资本多元化向社会提供。其本质是政府与社会资本的"合作"，不属于政府采购，是政府通过政府采购或招投标程序来选择适格的"合作方"。PPP 采购不需要政府财政资金或很少需要财政资金，也不需要政府举债，因此怎么会成为政府采购？如果把 PPP 采购当成是一种政府采购，那么怎么解决 PPP 不属于地方债范围的问题？如果说政府付费类和可行性缺口补助项目涉及政府付费，那么使用者付费项目根本不需要政府付费，跟政府采购又有何关系？所以，PPP 项目采购根本不属于政府采购。但是，PPP 项目采购涉及重大公共利益，应当把 PPP 项目采购界定为除政府采购之外的一种公共采购。《招标投标法》对公共采购进行了规定，

《政府采购法》对此并没有任何规定。所以，将 PPP 项目采购当成政府采购来对待没有法理基础，把政府采购法当成 PPP 项目采购应当遵循的上位法来对待也没有法理基础。虽然《招标投标法》对公共采购有部分规定，但是由于 PPP 采购非公开招标一种形式能够满足其采购需求，所以，《招标投标法》解决不了 PPP 采购的所有问题。

（二）PPP 采购现实操作中存在的问题

1. PPP 项目采购和工程招标"两标并一标"的混乱适用

按照《招标投标法》有关规定，"两标并一标"有严格的限制条件。根据《招标投标法实施条例》第九条规定，"除招标投标法第十六条规定的可以不进行招标的特殊情况外，有下列情形之一的，可以不进行招标：……（三）已通过招标方式选定的特许经营项目投资人依法能够自行建设、生产或者提供；……"

从上述规定来看，《招标投标法实施条例》规定"两标并一标"的适用应满足两个条件：①通过招标方式选定；②投资人依法能够自行建设、生产或提供。即 PPP 项目"两标并一标"必须是通过招标方式选定的社会资本方。而财政部 90 号文件规定"依据政府采购法选定社会资本合作方的，合作方依法能够自行建设、生产或者提供服务的，合作方可以不再进行招标"。这句话只是简单地提到了依据政府采购法选定的社会资本方依法能够自行建设、生产或者提供服务的，合作方可以不再进行招标。政府采购法及其实施条例规定的政府采购方式并不包括竞争性磋商。财政部《关于印发〈政府采购竞争性磋商采购方式管理暂行办法〉的通知》（财库〔2014〕215 号）中指出，为了深化政府采购制度改革，适应推进政府购买服务、推广政府和社会资本合作（PPP）模式等工作需要，特制定本办法。竞争性磋商是财政部首个"作为国务院政府采购监督管理部门认定的其他采购方式"。依照以上规定，财政部也认为竞争性磋商和竞争性谈判等非招标方式适用于 PPP 项目"两标并一标"的方式。但是，就法律位阶而言，《招标投标法实施条例》属上位法，效力更高，以招标之外的方式适用"两标并一标"，严格来说缺乏法律依据。

2. PPP 项目资本方的采购和 PPP 项目的用地出让两张皮的问题也亟须解决

PPP 项目需要的建设用地使用者必须和 PPP 项目资本方一致，否则 PPP 项目就没法进行。PPP 项目用地大量地采用了划拨方式，但是仍有部分项目需要通过公开招拍挂的方式出让解决。在 PPP 项目中，如果 PPP 资本方的采购和土地的出让以两个完全平行的路径实现，理论上就会存在不同主体中标的情况。但是，目前土地公开招拍挂制度与 PPP 项目采购制度相分离，虽然财政部 90 号文件提到了要"两标并一标"，但是由于其法律层级过低，与整体的土地管理制度不匹配，实践中还是没有办法实现"两标并一标"。

3. 采购方式乱适用

（1）违规采用非招标方式。

非公开招标方式的适用法律有明确的限制，也规定了明确的审批程序，现实中，很多应该适用公开招标的 PPP 项目采用了非招标方式。

（2）滥用竞争性磋商。

竞争性磋商适用于技术复杂或者性质特殊、不能确定详细规格或者具体要求的 PPP 项目。但实践中有些地方对于边界清晰、技术不复杂的项目，在选择社会资本方时也采用了竞争性磋商的方式。而且，很多地方把磋商程序做成跟招标程序一样，只是增加了二次报价。

（3）规避政治风险滥用公开招标。

公开招标并不适用于所有 PPP 项目的招标，只适用于那些边界清晰、技术参数明确不复杂的项目。有的地方政府为了规避政府风险，一律采用公开招标，影响了 PPP 招标具体项目的采购需求。

六、建议

PPP 采购是影响 PPP 项目落地的重要步骤，PPP 采购中存在的理论问题、实践问题、立法问题必须予以解决。首先，在 PPP 采购的理论研究上要进一步深入，解决 PPP 采购法的本源问题。其次，在立法方面，《条例（征求意见稿)》已于 2017 年 7 月 21 日对外发布。但是,《条例(征求意见稿)》对 PPP 项目采购的规定存在很多问题。例如,把并不适合 PPP 项目采购的竞争性谈判规定为 PPP 项目采购模式,而将实践探索中比较适合的竞争性磋商排斥在外,之所以这样规定是因为在起草者看来竞争性磋商并不是《政府采购法》规定的采购模式,还是没有跳出政府采购法是 PPP 采购的上位法的框框。既然 PPP 项目本质上并不属于政府采购行为,建议《条例(征求意见稿)》在《政府采购法》之外单独规定 PPP 项目采购的独立程序,在程序中解决采购方式明确,操作简便、体现公平公正,用地、工程“两标合一标”等问题。实现 PPP 采购有法可依、法理清晰、程序简便,体现公平公正。最后,在 PPP 采购实践方面要加强培训和管理,各级政府采购部门要对 PPP 采购进行指导和监督,做到 PPP 采购有法可依、有法必依、执法必严、违法必究。

附录

附录一　与金融风险防范相关的 PPP 政策法规一览表

出台部门	序号	文 件 名 称	出台时间
国务院及下属办公厅	1	《国务院关于加强地方政府性债务管理的意见》（国发〔2014〕43 号）	2014. 9. 21
	2	《国务院办公厅关于印发地方政府性债务风险应急处置预案的通知》（国办函〔2016〕88 号）	2016. 10. 27
财政部、国家发展改革委等中央部委	1	《政府采购竞争性磋商采购方式管理暂行办法》的通知（财库〔2014〕214 号）	2014. 12. 31
	2	《政府和社会资本合作项目政府采购管理办法》财政部财库〔2014〕215 号	2014. 12. 31
	3	《关于开展特色小镇培育工作的通知》（建村〔2016〕147 号）	2016. 7. 1
	4	《政府和社会资本合作项目财政管理暂行办法》（财金〔2016〕92 号）	2016. 9. 24
	5	《关于印发普惠金融发展专项资金管理办法的通知》（财金〔2016〕85 号）	2016. 9. 24
	6	《关于在公共服务领域深入推进政府和社会资本合作工作的通知》〔2016〕90 号	2016. 10. 11
	7	《关于联合公布第三批政府和社会资本合作示范项目加快推动示范项目建设的通知》（财金〔2016〕91 号）	2016. 10. 27

出台部门	序号	文 件 名 称	出台时间
财政部、国家发展改革委等中央部委	8	《关于印发财政部驻各地财政监察专员办事处实施地方政府债务监督暂行办法的通知》（财预〔2016〕175号）	2016.11.24
	9	《关于印发政府和社会资本合作（PPP）综合信息平台信息公开管理暂行办法》的通知（财金〔2017〕1号）	2017.1.23
	10	《关于进一步规范地方政府举债融资行为的通知》（财预〔2017〕50号）	2017.4.26
	11	《关于坚决制止地方以政府购买服务名义违法违规融资的通知》（财预〔2017〕87号）	2017.5.28
	12	《关于规范开展政府和社会资本合作项目资产证券化有关事宜的通知》（财金〔2017〕55号）	2017.6.7
	13	《关于规范政府和社会资本合作（PPP）综合信息平台项目库管理的通知》（财办金〔2017〕92号）	2017.11.10
	14	《关于加强中央企业PPP业务风险管控的通知》（国资发财管〔2017〕192号）	2017.11.17
	15	《国家发展改革委办公厅 财政部办公厅关于进一步增强企业债券服务实体经济能力严格防范地方债务风险的通知》（发改办财金〔2018〕194号）	2018.2.8
	16	《关于在旅游领域推广政府和社会资本合作模式的指导意见》（文旅旅发〔2018〕3号）	2018.4.19
	17	《关于进一步加强政府和社会资本合作示范项目规范管理的通知》（财金〔2018〕54号）	2018.4.24
	18	《中央企业违规经营投资责任追究实施办法（试行）》国务院国有资产监督管理委员会令第37号	2018.7.13

出台部门	序号	文 件 名 称	出台时间
河南省政府及其下属办公厅、河南省财政厅	1	《河南省人民政府关于加强政府性债务管理的意见》（豫政〔2016〕11号）	2016.2.23
	2	《河南省人民政府办公厅关于印发河南省政府性债务风险应急处置预案的通知》（豫政办〔2017〕39号）	2017.3.6
	3	《河南省人民政府办公厅关于印发河南省政府和社会资本合作（PPP）项目操作流程的通知》（豫政办明电〔2017〕62号）	2017.5.11
	4	《河南省财政厅关于印发〈河南省财政厅PPP项目库入库指南〉的通知》（豫财资合〔2017〕1号）	2017.12.25
	5	《河南省财政厅关于印发〈PPP项目库清理规范方案〉的通知》（豫财金〔2018〕1号）	2018.1.3

附录二 中央部委最新发布的与金融风险防范相关的 PPP 政策法规

目 录

旅发〔2018〕3 号）（2018.4.19）

9.《关于进一步加强政府和社会资本合作示范项目规范管理的通知》（财金〔2018〕54 号）（2018.4.24）

10.《中央企业违规经营投资责任追究实施办法（试行)》（国务院国有资产监督管理委员会令第 37 号）（2018.7.13）

关于印发《政府和
社会资本合作（PPP）综合信息
平台信息公开管理暂行办法》的通知

财金〔2017〕1 号

各省、自治区、直辖市、计划单列市财政厅（局），新疆生产建设兵团财务局，财政部驻各省、自治区、直辖市、计划单列市财政监察专员办事处：

为进一步贯彻落实《国务院办公厅转发财政部　发展改革委　人民银行关于在公共服务领域推广运用政府和社会资本合作模式指导意见的通知》（国办发〔2015〕42 号）有关要求，加强和规范政府和社会资本合作（PPP）项目信息公开工作，促进 PPP 项目各参与方诚实守信、严格履约，保障公众知情权，推动 PPP 市场公平竞争、规范发展，我们研究起草了《政府和社会资本合作（PPP）综合信息平台信息公开管理暂行办法》，现印发你们，请遵照执行。

财政部

2017 年 1 月 23 日

附件：

政府和社会资本合作（PPP）综合信息平台
信息公开管理暂行办法

第一章　总　　则

第一条　为加强和规范政府和社会资本合作（PPP）信息公开工作，促进 PPP 项目各参与方诚实守信、严格履约，保障公众知情权，推动 PPP 市场公平竞争、规范发展，依据《中华人民共和国预算法》、《中华人民共和国政府采购法》和《国务院办公厅转发财政部发展改革委人民银行关于在公共服务领域推广政府和社会资本合作模式指导意见的通知》（国办发〔2015〕42 号）等有关规定，制定本办法。

第二条　中华人民共和国境内已纳入 PPP 综合信息平台的 PPP 项目信息公开，适用本办法。

第三条　PPP 项目信息公开遵循客观、公正、及时、便利的原则。

第四条　地方各级财政部门（以下简称"财政部门"）会同同级政府有关部门推进、指导、协调、监督本行政区域范围内的 PPP 项目信息公开工作，结合当地实际具体开展以下工作：

（一）收集、整理 PPP 项目信息；

（二）在 PPP 综合信息平台录入、维护和更新 PPP 项目信息；

（三）组织编制本级政府 PPP 项目信息公开年度工作报告；

（四）根据法律法规规定和实际需要，在其他渠道同时公开 PPP 项目信息；

（五）与 PPP 项目信息公开有关的其他工作。

政府有关部门、项目实施机构、社会资本或 PPP 项目公司等 PPP 项目参与主体应真实、完整、准确、及时地提供 PPP 项目信息。

第二章　信息公开的内容

第五条　项目识别阶段应当公开的 PPP 项目信息包括：

（一）项目实施方案概要，包含：项目基本情况（含项目合作范围、合作期限、项目产出说明和绩效标准等基本信息）、风险分配框架、运作方式、交易结构（含投融资结构、回报机制、相关配套安排）、合同体系、监管架构、采购方式选择；

（二）经财政部门和行业主管部门审核通过的物有所值评价报告，包含：定性评价的指标及权重、评分标准、评分结果；定量评价测算的主要指标、方法、过程和结果（含 PSC 值、PPP 值）等（如有）；物有所值评价通过与否的结论；

（三）经财政部门审核通过的财政承受能力论证报告，包含：本项目各年度财政支出责任数额及累计支出责任总额，本级政府本年度全部已实施和拟实施的 PPP 项目各年度财政支出责任数额总和及其占各年度一般公共预算支出比例情况；财政承受能力论证的测算依据、主要因素和指标等；财政承受能力论证通过与否的结论；

（四）其他基础资料，包括：新建或改扩建项目建议书及批复文件、可行性研究报告（含规划许可证、选址意见书、土地预审意见、环境影响评价报告等支撑性文件）及批复文件、设计文件及批复文件（如有）；存量公共资产建设、运营维护的历史资料以及第三方出具的资产评估报告，以及存量资产或权益转让时所可能涉及的员工安置方案、债权债务处置方案、土地处置方案等（如有）。

第六条　项目准备阶段应当公开的 PPP 项目信息包括：

（一）政府方授权文件，包括对实施机构、PPP 项目合同的政府方签约主体、政府方出资代表（如有）等的授权；

（二）经审核通过的项目实施方案（含同级人民政府对实施方案的批复文件），包含：项目基本情况（含项目合作范围、合作期限、项目产出说明和绩效标准等基本信息），风险分配框架，运作方式，交易结构（含投融资结构、回报机制、相关配套安排），合同体系及核心边界条件；监管架构；采购方式选择；

（三）按经审核通过的项目实施方案验证的物有所值评价报告（如有）；

（四）按经审核通过的项目实施方案验证的财政承受能力论证报告（如有）。

第七条　项目采购阶段的信息公开应遵照政府采购等相关规定执行，应当公开的 PPP 项目信息包括：

（一）项目资格预审公告（含资格预审申请文件）及补充公告（如有）；

（二）项目采购文件，包括竞争者须知、PPP 项目合同草案、评审办法（含评审小组组成、评审专家人数及产生方式、评审细则等）；

（三）补遗文件（如有）；

（四）资格预审评审及响应文件评审结论性意见；

（五）资格预审专家、评审专家名单、确认谈判工作组成员名单；

（六）预中标、成交结果公告；

（七）中标、成交结果公告及中标通知书；

（八）项目采购阶段更新、调整的政府方授权文件（如有），包括对实施机构、PPP 项目合同的政府方签约主体、政府方出资代表（如有）等的授权；

（九）同级人民政府同意签署 PPP 项目合同的批复文件，以及已签署的 PPP 项目合同，并列示主要产出说明及绩效指标、回报机制、调价机制等核心条款。

第八条　项目执行阶段应当公开的 PPP 项目信息包括：

（一）项目公司（如有）设立登记、股东认缴资本金及资本金实缴到位情况、增减资情况（如有）、项目公司资质情况（如有）；

（二）项目融资机构名称、项目融资金额、融资结构及融资交割情况；

（三）项目施工许可证、建设进度、质量及造价等与 PPP 项目合同有关约定的对照审查情况；

（四）社会资本或项目公司的运营情况（特别是出现重大经营或财务风险，可能严重影响到社会资本或项目公司正常运营的情况）及运营绩效达标情况；

（五）项目公司绩效监测报告、中期评估报告、项目重大变更或终止情况、项目定价及历次调价情况；

（六）项目公司财务报告，包括项目收费情况，项目获得的政府补贴情况，项目公司资产负债情况等内容；

（七）项目公司成本监审、PPP 项目合同的变更或补充协议签订情况；

（八）重大违约及履约担保的提取情况，对公众投诉的处理情况等；

（九）本级政府或其职能部门作出的对项目可能产生重大影响的规定、决定等；

（十）项目或项目直接相关方（主要是 PPP 项目合同的签约各方）重大纠纷、诉讼或仲裁事项，但根据相关司法程序要求不得公开的除外；

（十一）本级 PPP 项目目录、本级 PPP 项目示范试点库及项目变化情况、本级人大批准的政府对 PPP 项目的财政预算、执行及决算情况等。

第九条 项目移交阶段应当公开的 PPP 项目信息包括：

（一）移交工作组的组成、移交程序、移交标准等移交方案；

（二）移交资产或设施或权益清单、移交资产或权益评估报告（如适用）、性能测试方案，以及移交项目资产或设施上各类担保或权益限制的解除情况；

（三）项目设施移交标准达标检测结果；

（四）项目后评价报告（含对项目产出、成本效益、监管成效、可持续性、PPP 模式应用等进行绩效评价），以及项目后续运作方式。

第三章 信息公开的方式

第十条 PPP 项目信息公开的方式包括即时公开和适时公开。

第十一条 即时公开是指财政部门会同有关部门和项目实施机构等依据 PPP 项目所处的不同阶段及对应的录入时间要求，在 PPP 综合信息平台录入本办法规定的相关信息时即自动公开。即时公开的内容及要求详见本办法附件。

第十二条 适时公开是指在录入本办法规定的相关信息时不自动公开，而是由财政部门会同有关部门选择在项目进入特定阶段或达成特定条件后再行公开。除本办法另有规定外，项目识别、准备、采购阶段的信息，由财政部门会同有关部门选择在项目进入执行阶段后 6 个月内的任一时点予以公开；项目执行阶段的信息，由财政部门会同相关部门选择在该信息对应事项确定或完成后次年的 4 月 30 日前的任一时点予以公开。前述期限届满后未选择公开的信息将转为自动公开。适时公开的内容及要求详见本办法附件。

第十三条 依照本办法公开的 PPP 项目信息可在财政部政府和社会资本合作中心官方网站（www.cpppc.org）上公开查询。其中 PPP 项目政府采购信息应当在省级以上人民政府财政部门指定的政府采购信息发布媒体上同步发布。

第四章 监督管理

第十四条 财政部对全国 PPP 项目信息公开情况进行评价和监督，省级财政部门负责对本省 PPP 项目信息公开工作进行监督管理。下级财政部门未按照本办法规定真实、完整、准确、及时录入应公开 PPP 项目信息的，上级财政部门应责令其限期改正；逾期拒不改正或情节严重的，予以通报批评。

第十五条 政府有关部门、项目实施机构、社会资本或 PPP 项目公司等 PPP 项目信息提供方应当对其所提供信息的真实性、完整性、准确性、及时性负责。一经发现所提供信息不真实、不完整、不准确、不及时的，PPP 项目信息提供方应主动及时予以修正、补充或采取其他有效补救措施。如经财政部门或利益相关方提供相关材料证实 PPP 项目信息提供方未按照规定提供信息或存在其他不当情形的，财政部门可以责令其限期改正；无正当理由拒不改正的，财政部门可将该项目从项目库中清退。被清退的项目自清退之日起一年内不得重新纳入 PPP 综合信息平台。

第十六条 财政部门应会同政府有关部门在每年 2 月 28 日前完成上一年度本级政府实施的 PPP 项目信息公开年度工作报告，报送省级财政部门，并由省级财政部门在每年 3 月 31 日前汇总上报至财政部。报告内容应包括：

（一）即时和适时公开 PPP 项目信息的情况；

（二）PPP 项目信息公开工作存在的主要问题及改进情况；

（三）其他需要报告的事项。

第十七条 财政部门工作人员在 PPP 项目信息公开监督管理工作中存在滥用职权、玩忽职守、徇私舞弊等违法违纪行为的，按照《公务员法》《行政监察法》《财政违法行为处罚处分条例》等国家有关规定追究相应责任；涉嫌犯罪的，移送司法机关处理。

第十八条 公民、法人或者其他组织可以通过 PPP 综合信息平台对 PPP 项目信息公开情况提供反馈意见，相关信息提供方应及时予以核实处理。

第五章 附 则

第十九条 PPP 综合信息平台是指依据《关于规范政府和社会资本合作（PPP）综合信息平台运行的通知》（财金〔2015〕166 号）由财政部建立的全国 PPP 综合信息管理和发布平台，包含项目库、机构库、资料库三部分。

　　第二十条　PPP 项目信息公开涉及国家秘密、商业秘密、个人隐私、知识产权，可能会危及国家安全、公共安全、经济安全和社会稳定或损害公民、法人或其他组织的合法权益的，依照相关法律法规处理。

　　第二十一条　本办法自 2017 年 3 月 1 日起施行。

附表：

PPP 项目信息公开要求

项目所处阶段	公 开 内 容	公开方式	公开的时点	信息提供方
项目识别	项目概况、项目合作范围、合作期限、项目运作方式、采购社会资本方式的选择	即时公开	实施方案编制完成之日起 10 个工作日内	项目发起方
	交易结构（含投融资结构、回报机制、相关配套安排）、项目产出说明和绩效标准、风险分配框架、合同体系、监管体系	适时公开	进入项目执行阶段后 6 个月内	项目发起方
	物有所值定性评价指标及权重、评分标准、评分结果	即时公开	报告定稿之日起 10 个工作日内	
	物有所值评价通过与否的评价结论（含财政部门会同行业部门对报告的审核意见）	即时公开	实施方案批复文件下发后 10 个工作日内	
	审核通过的物有所值评价报告（含财政部门对报告的批复文件）	适时公开	进入项目执行阶段后 6 个月内	
	本项目以及年度全部已实施和拟实施的 PPP 项目财政支出责任数额及年度预算安排情况，以及每一年度全部 PPP 项目从预算中安排的支出责任占一般公共预算支出比例情况	即时公开	实施方案批复文件下发后 10 个工作日内	
	财政承受能力论证的测算依据、主要因素和指标	即时公开	报告定稿之日起 10 个工作日内	

续表

项目所处阶段	公 开 内 容	公开方式	公开的时点	信息提供方
项目识别	通过财政承受能力论证与否的结论	即时公开	实施方案批复文件下发后 10 个工作日内	
	审核通过的财政承受能力论证报告（含财政部门对报告的批复文件）	适时公开	进入项目执行阶段后 6 个月内	
	新建或改扩建项目建议书及批复文件	适时公开	进入项目执行阶段后 6 个月内	实施机构
	可行性研究报告（含全套支撑性文件）及批复文件，设计文件及批复文件（如适用）	适时公开	进入项目执行阶段后 6 个月内	实施机构
	存量公共资产或权益的资产评估报告，以及存量资产或权益转让时所可能涉及的各类方案等（如适用）	适时公开	进入项目执行阶段后 6 个月内	实施机构
项目准备	政府方授权文件，包括对实施机构、PPP 项目合同的政府方签约主体、政府方出资代表（如适用）等的授权	即时公开	授权后 10 个工作日内	项目所在地本级政府
	项目概况、项目合作范围、合作期限、项目运作方式、采购社会资本方式的选择	即时公开	进入采购程序后 10 个工作日内	实施机构
	交易结构（含投融资结构、回报机制、相关配套安排）、项目产出说明和绩效标准、风险分配框架、核心边界条件、合同体系、监管体系	适时公开	进入项目执行阶段后 6 个月内	实施机构
	政府对实施方案的审核批复文件	即时公开	批复文件下发后 10 个工作日内	实施机构

项目所处阶段	公开内容	公开方式	公开的时点	信息提供方
项目准备	审核通过的项目实施方案及修正案	适时公开	进入项目执行阶段后6个月内	实施机构
项目采购	项目资格预审公告（含资格预审申请文件）	即时公开	资格预审公告发布后10个工作日内	实施机构
	项目采购文件、补遗文件（如有）	适时公开	进入项目执行阶段后6个月内	实施机构
	资格预审评审报告及响应文件评审报告中专家组评审结论性意见，附资格预审专家和评审专家名单	适时公开	进入项目执行阶段后6个月内	采购监管机构
	确认谈判工作组成员名单	适时公开	进入项目执行阶段后6个月内	实施机构
	预中标及成交结果公告；中标、成交结果公告及中标通知书	即时公开	依法律规定及采购文件约定	实施机构、采购监管机构
	已签署的PPP项目合同	适时公开	进入项目执行阶段后6个月内	实施机构
	PPP项目合同核心条款，应包括主要产出说明、绩效指标回报机制、调价机制	即时公开	项目合同经人民政府审核通过后10个工作日内	实施机构、项目公司
	本项目政府支出责任确认文件或更新调整文件（如适用），以及同级人大（或人大常委会）将本项目财政支出责任纳入跨年度预算的批复文件（如适用）	适时公开	进入项目执行阶段后6个月内	实施机构
	项目采购阶段调整、更新的政府方授权文件（如有）	即时公开	项目合同经人民政府审核通过后10个工作日内的附件依据相关法律规定公开	实施机构

项目所处阶段	公 开 内 容	公开方式	公开的时点	信息提供方
项目执行	项目公司设立登记、股东认缴及实缴资本金情况、增减资（如适用）	即时公开	设立时及资本金到位后 10 个工作日内	项目公司
	融资额度、融资主要条件及融资交割情况	适时公开	对应事项确定或完成后次年的 4 月 30 日前	项目公司
	项目施工许可证、建设进度、质量及造价等与 PPP 项目合同的符合性审查情况	即时公开	依据 PPP 项目合同约定；如 PPP 项目合同未约定时，则在对应活动结束后次年的 4 月 30 日前予以公开	实施机构、项目公司
	社会资本或项目公司的年度运营情况及运营绩效达标情况	即时公开	依据 PPP 项目合同约定；如 PPP 项目合同未约定时，则在对应活动结束后次年的 4 月 30 日前予以公开	项目公司
	项目公司绩效监测报告、中期评估报告、项目重大变更或终止情况、项目定价及历次调价情况	即时公开	依据 PPP 项目合同约定；如 PPP 项目合同未约定时，则在对应活动结束后次年的 4 月 30 日前予以公开	实施机构
	项目公司成本监审、所有的 PPP 合同修订协议或补充协议	适时公开	对应活动结束后次年的 4 月 30 日前	实施机构项目公司
	项目公司财务报告相关内容，包括项目收费情况，项目获得的政府补贴情况，项目公司资产负债情况等	适时公开	对应活动结束后次年的 4 月 30 日前	项目公司

项目所处阶段	公 开 内 容	公开方式	公开的时点	信息提供方
项目执行	重大违约及履约担保的提取情况，对公众投诉的处理情况等	即时公开	发生之日起 10 个工作日内	实施机构
	本级政府或其职能部门作出的对项目可能产生重大影响的规定、决定等	即时公开	规定及决定下发后 10 个工作日	实施机构
	项目或项目直接相关方重大纠纷、涉诉或涉仲情况	即时公开	除本办法另有规定外，发生后 10 个工作日内	项目公司
	本级 PPP 项目目录、本级 PPP 项目示范试点库及项目变化情况、本级人大批准的政府对 PPP 项目的财政预算、执行及决算情况等	即时公开	依法律规定（如有）公开或每季度公开	
项目移交	移交工作组的组成、移交程序、移交标准等移交方案	即时公开	移交方案确定后 10 个工作日内	实施机构
	移交资产或设施或权益清单、移交资产或权益评估报告（如适用）、性能测试方案	即时公开	清单或报告定稿或测试完成后 10 个工作日内	实施机构
	移交项目资产或设施上各类担保或权益限制的解除情况（如适用）	即时公开	对应解除完成后 10 个工作日内	实施机构、项目公司
	项目设施移交标准达标检测结果	即时公开	达标检测结果出具后 10 个工作日内	实施机构
	项目后评价报告，以及项目后续运作方式	即时公开	后评估报告定稿或项目后续运作方式确定后 10 个工作日内	实施机构

关于进一步规范地方政府举债
融资行为的通知

财预〔2017〕50 号

各省、自治区、直辖市、计划单列市财政厅（局）、发展改革委、司法厅（局），中国人民银行上海总部、各分行、营业管理部、省会（首府）城市中心支行、副省级城市中心支行，各银监局、证监局：

2014 年修订的预算法和《国务院关于加强地方政府性债务管理的意见》（国发〔2014〕43 号）实施以来，地方各级政府加快建立规范的举债融资机制，积极发挥政府规范举债对经济社会发展的支持作用，防范化解财政金融风险，取得了阶段性成效。但个别地区违法违规举债担保时有发生，局部风险不容忽视。为贯彻落实党中央、国务院决策部署，牢牢守住不发生区域性系统性风险的底线，现就进一步规范地方政府举债融资行为有关事项通知如下：

一、全面组织开展地方政府融资担保清理整改工作

各省级政府要认真落实国务院办公厅印发的《地方政府性债务风险应急处置预案》（国办函〔2016〕88 号）要求，抓紧设立政府性债务管理领导小组，指导督促本级各部门和市县政府进一步完善风险防范机制，结合 2016 年开展的融资平台公司债务等统计情况，尽快组织一次地方政府及其部门融资担保行为摸底排查，督促相关部门、市县政府加强与社会资本方的平等协商，依法完善合同条款，分类妥善处置，全面改正地方政府不规范的融资担保行为。上述工作应当于 2017 年 7 月 31 日前清理整改到位，对逾期不改正或改正不到位的相关部门、市县政府，省级政府性债务管理领导小组应当提请省

级政府依法依规追究相关责任人的责任。财政部驻各地财政监察专员办事处要密切跟踪地方工作进展，发现问题及时报告。

二、切实加强融资平台公司融资管理

加快政府职能转变，处理好政府和市场的关系，进一步规范融资平台公司融资行为管理，推动融资平台公司尽快转型为市场化运营的国有企业、依法合规开展市场化融资，地方政府及其所属部门不得干预融资平台公司日常运营和市场化融资。地方政府不得将公益性资产、储备土地注入融资平台公司，不得承诺将储备土地预期出让收入作为融资平台公司偿债资金来源，不得利用政府性资源干预金融机构正常经营行为。金融机构应当依法合规支持融资平台公司市场化融资，服务实体经济发展。进一步健全信息披露机制，融资平台公司在境内外举债融资时，应当向债权人主动书面声明不承担政府融资职能，并明确自 2015 年 1 月 1 日起其新增债务依法不属于地方政府债务。金融机构应当严格规范融资管理，切实加强风险识别和防范，落实企业举债准入条件，按商业化原则履行相关程序，审慎评估举债人财务能力和还款来源。金融机构为融资平台公司等企业提供融资时，不得要求或接受地方政府及其所属部门以担保函、承诺函、安慰函等任何形式提供担保。对地方政府违法违规举债担保形成的债务，按照《国务院办公厅关于印发地方政府性债务风险应急处置预案的通知》（国办函〔2016〕88 号）、《财政部关于印发〈地方政府性债务风险分类处置指南〉的通知》（财预〔2016〕152 号）依法妥善处理。

三、规范政府与社会资本方的合作行为

地方政府应当规范政府和社会资本合作（PPP）。允许地方政府以单独出资或与社会资本共同出资方式设立各类投资基金，依法实行规范的市场化运作，按照利益共享、风险共担的原则，引导社会资本投资经济社会发展的重

点领域和薄弱环节，政府可适当让利。地方政府不得以借贷资金出资设立各类投资基金，严禁地方政府利用 PPP、政府出资的各类投资基金等方式违法违规变相举债，除国务院另有规定外，地方政府及其所属部门参与 PPP 项目、设立政府出资的各类投资基金时，不得以任何方式承诺回购社会资本方的投资本金，不得以任何方式承担社会资本方的投资本金损失，不得以任何方式向社会资本方承诺最低收益，不得对有限合伙制基金等任何股权投资方式额外附加条款变相举债。

四、进一步健全规范的地方政府举债融资机制

全面贯彻落实依法治国战略，严格执行预算法和国发〔2014〕43 号文件规定，健全规范的地方政府举债融资机制，地方政府举债一律采取在国务院批准的限额内发行地方政府债券方式，除此以外地方政府及其所属部门不得以任何方式举借债务。地方政府及其所属部门不得以文件、会议纪要、领导批示等任何形式，要求或决定企业为政府举债或变相为政府举债。允许地方政府结合财力可能设立或参股担保公司（含各类融资担保基金公司），构建市场化运作的融资担保体系，鼓励政府出资的担保公司依法依规提供融资担保服务，地方政府依法在出资范围内对担保公司承担责任。除外国政府和国际经济组织贷款转贷外，地方政府及其所属部门不得为任何单位和个人的债务以任何方式提供担保，不得承诺为其他任何单位和个人的融资承担偿债责任。地方政府应当科学制订债券发行计划，根据实际需求合理控制节奏和规模，提高债券透明度和资金使用效益，建立信息共享机制。

五、建立跨部门联合监测和防控机制

完善统计监测机制，由财政部门会同发展改革、人民银行、银监、证监等部门建设大数据监测平台，统计监测政府中长期支出事项以及融资平台公司举借或发行的银行贷款、资产管理产品、企业债券、公司债券、非金融企

业债务融资工具等情况，加强部门信息共享和数据校验，定期通报监测结果。开展跨部门联合监管，建立财政、发展改革、司法行政机关、人民银行、银监、证监等部门以及注册会计师协会、资产评估协会、律师协会等行业自律组织参加的监管机制，对地方政府及其所属部门、融资平台公司、金融机构、中介机构、法律服务机构等的违法违规行为加强跨部门联合惩戒，形成监管合力。对地方政府及其所属部门违法违规举债或担保的，依法依规追究负有直接责任的主管人员和其他直接责任人员的责任；对融资平台公司从事或参与违法违规融资活动的，依法依规追究企业及其相关负责人责任；对金融机构违法违规向地方政府提供融资、要求或接受地方政府提供担保承诺的，依法依规追究金融机构及其相关负责人和授信审批人员责任；对中介机构、法律服务机构违法违规为融资平台公司出具审计报告、资产评估报告、信用评级报告、法律意见书等的，依法依规追究中介机构、法律服务机构及相关从业人员的责任。

六、大力推进信息公开

地方各级政府要贯彻落实中共中央办公厅、国务院办公厅《关于全面推进政务公开工作的意见》等规定和要求，全面推进地方政府及其所属部门举债融资行为的决策、执行、管理、结果等公开，严格公开责任追究，回应社会关切，主动接受社会监督。继续完善地方政府债务信息公开制度，县级以上地方各级政府应当重点公开本地区政府债务限额和余额，以及本级政府债务的规模、种类、利率、期限、还本付息、用途等内容。省级财政部门应当参考国债发行做法，提前公布地方政府债务发行计划。推进政府购买服务公开，地方政府及其所属部门应当重点公开政府购买服务决策主体、购买主体、承接主体、服务内容、合同资金规模、分年财政资金安排、合同期限、绩效评价等内容。推进政府和社会资本合作（PPP）项目信息公开，地方政府及其所属部门应当重点公开政府和社会资本合作（PPP）项目决策主体、政府方和社会资本方信息、合作项目内容和财政承受能力论证、社会资本方采购信息、项目回报机制、合同期限、绩效评价等内容。推进融资平台公司名录公开。

各地区要充分认识规范地方政府举债融资行为的重要性，把防范风险放在更加重要的位置，省级政府性债务管理领导小组要切实担负起地方政府债务管理责任，进一步健全制度和机制，自觉维护总体国家安全，牢牢守住不发生区域性系统性风险的底线。各省（自治区、直辖市、计划单列市）政府性债务管理领导小组办公室应当汇总本地区举债融资行为清理整改工作情况，报省级政府同意后，于 2017 年 8 月 31 日前反馈财政部，抄送发展改革委、人民银行、银监会、证监会。

特此通知。

财政部　发展改革委　司法部　人民银行　银监会　证监会

2017 年 4 月 26 日

关于坚决制止地方以政府购买服务
名义违法违规融资的通知

财预〔2017〕87 号

各省、自治区、直辖市、计划单列市财政厅（局）：

《国务院办公厅关于政府向社会力量购买服务的指导意见》（国办发〔2013〕96 号）印发后，各地稳步推进政府购买服务工作，取得了良好成效。同时，一些地区存在违法违规扩大政府购买服务范围、超越管理权限延长购买服务期限等问题，加剧了财政金融风险。根据《中华人民共和国预算法》、《中华人民共和国政府采购法》、《国务院关于实行中期财政规划管理的意见》（国发〔2015〕3 号）、国办发〔2013〕96 号文件等规定，为规范政府购买服务管理，制止地方政府违法违规举债融资行为，防范化解财政金融风险，现就有关事项通知如下：

一、坚持政府购买服务改革正确方向。推广政府购买服务是党的十八届三中全会决定明确的一项重要改革任务，有利于加快转变政府职能、改善公共服务供给、推进财政支出方式改革。政府购买服务所需资金应当在年度预算和中期财政规划中据实足额安排。实施政府购买服务改革，要坚持费随事转，注重与事业单位改革、行业协会商会与行政主管部门脱钩转制改革、支持社会组织培育发展等政策相衔接，带动和促进政事分开、政社分开。地方政府及其所属部门要始终准确把握并牢固坚持政府购买服务改革的正确方向，依法依规、积极稳妥地加以推进。

二、严格按照规定范围实施政府购买服务。政府购买服务内容应当严格限制在属于政府职责范围、适合采取市场化方式提供、社会力量能够承担的服务事项，重点是有预算安排的基本公共服务项目。科学制定并适时完善分级分部门政府购买服务指导性目录，增强指导性目录的约束力。对暂时未纳入指导性目录又确需购买的服务事项，应当报财政部门审核备案后调整实施。

严格按照《中华人民共和国政府采购法》确定的服务范围实施政府购买服务，不得将原材料、燃料、设备、产品等货物，以及建筑物和构筑物的新建、改建、扩建及其相关的装修、拆除、修缮等建设工程作为政府购买服务项目。严禁将铁路、公路、机场、通讯、水电煤气，以及教育、科技、医疗卫生、文化、体育等领域的基础设施建设，储备土地前期开发，农田水利等建设工程作为政府购买服务项目。严禁将建设工程与服务打包作为政府购买服务项目。严禁将金融机构、融资租赁公司等非金融机构提供的融资行为纳入政府购买服务范围。政府建设工程项目确需使用财政资金，应当依照《中华人民共和国政府采购法》及其实施条例、《中华人民共和国招标投标法》规范实施。

三、严格规范政府购买服务预算管理。政府购买服务要坚持先有预算、后购买服务，所需资金应当在既有年度预算中统筹考虑，不得把政府购买服务作为增加预算单位财政支出的依据。地方各级财政部门应当充分考虑实际财力水平，妥善做好政府购买服务支出与年度预算、中期财政规划的衔接，足额安排资金，保障服务承接主体合法权益。年度预算未安排资金的，不得实施政府购买服务。购买主体应当按照批准的预算执行，从部门预算经费或经批准的专项资金等既有年度预算中统筹安排购买服务资金。购买主体签订购买服务合同，应当确认涉及的财政支出已在年度预算和中期财政规划中安排。政府购买服务期限应严格限定在年度预算和中期财政规划期限内。党中央、国务院统一部署的棚户区改造、易地扶贫搬迁工作中涉及的政府购买服务事项，按照相关规定执行。

四、严禁利用或虚构政府购买服务合同违法违规融资。金融机构涉及政府购买服务的融资审查，必须符合政府预算管理制度相关要求，做到依法合规。承接主体利用政府购买服务合同向金融机构融资时，应当配合金融机构做好合规性管理，相关合同在购买内容和期限等方面必须符合政府购买服务有关法律和制度规定。地方政府及其部门不得利用或虚构政府购买服务合同为建设工程变相举债，不得通过政府购买服务向金融机构、融资租赁公司等非金融机构进行融资，不得以任何方式虚构或超越权限签订应付（收）账款合同帮助融资平台公司等企业融资。

五、切实做好政府购买服务信息公开。各地应当将年度预算中政府购买服务总金额、纳入中期财政规划的政府购买服务总金额以及政府购买服务项目有关预算信息，按规定及时向社会公开，提高预算透明度。购买主体应当依法在中国政府采购网及其地方分网及时公开政府购买服务项目相关信息，包括政府购买服务内容、购买方式、承接主体、合同金额、分年财政资金安排、合同期限、绩效评价等，确保政府购买服务项目信息真实准确，可查询、可追溯。坚决防止借政府购买服务名义进行利益输送等违法违规行为。

各省级财政部门要充分认识规范政府购买服务管理、防范财政金融风险的重要性，统一思想，加强领导，周密部署，报经省级政府批准后，会同相关部门组织全面摸底排查本地区政府购买服务情况，发现违法违规问题的，督促相关地区和单位限期依法依规整改到位，并将排查和整改结果于 2017 年 10 月底前报送财政部。

特此通知。

财政部

2017 年 5 月 28 日

关于规范开展政府和社会资本合作项目
资产证券化有关事宜的通知

财金〔2017〕55 号

各省、自治区、直辖市、计划单列市财政厅（局），新疆生产建设兵团财务局，中国人民银行上海总部、各分行、营业管理部、各省会（首府）城市中心支行，中国证监会各派出机构，中国银行间市场交易商协会，上海证券交易所、深圳证券交易所，中国证券业协会，中国证券投资基金业协会：

为贯彻落实《国务院办公厅转发财政部　发展改革委　人民银行关于在公共服务领域推广政府和社会资本合作模式指导意见的通知》（国办发〔2015〕42 号），规范推进政府和社会资本合作（以下简称 PPP）项目资产证券化工作，现就有关事宜通知如下：

一、分类稳妥地推动 PPP 项目资产证券化

（一）鼓励项目公司开展资产证券化优化融资安排。在项目运营阶段，项目公司作为发起人（原始权益人），可以按照使用者付费、政府付费、可行性缺口补助等不同类型，以能够给项目带来现金流的收益权、合同债权作为基础资产，发行资产证券化产品。项目公司应统筹融资需求、项目收益等因素，合理确定资产证券化产品发行规模和期限，着力降低综合融资成本。积极探索项目公司在项目建设期依托 PPP 合同约定的未来收益权，发行资产证券化产品，进一步拓宽项目融资渠道。

（二）探索项目公司股东开展资产证券化盘活存量资产。除 PPP 合同对项目公司股东的股权转让质押等权利有限制性约定外，在项目建成运营 2 年后，项目公司的股东可以以能够带来现金流的股权作为基础资产，发行资产

证券化产品，盘活存量股权资产，提高资产流动性。其中，控股股东发行规模不得超过股权带来现金流现值的 50%，其他股东发行规模不得超过股权带来现金流现值的 70%。

（三）支持项目公司其他相关主体开展资产证券化。在项目运营阶段，为项目公司提供融资支持的各类债权人，以及为项目公司提供建设支持的承包商等企业作为发起人（原始权益人），可以合同债权、收益权等作为基础资产，按监管规定发行资产证券化产品，盘活存量资产，多渠道筹集资金，支持 PPP 项目建设实施。

二、严格筛选开展资产证券化的 PPP 项目

（四）开展资产证券化的 PPP 项目应当运作规范、权属清晰。项目实施方案科学、合同体系完备、运作模式成熟、风险分配合理，并通过物有所值评价和财政承受能力论证。项目公司预期产生的现金流，能够覆盖项目的融资利息和股东的投资收益。拟作为基础资产的项目收益权、股权和合同债权等权属独立清晰，没有为其他融资提供质押或担保。

（五）发起人（原始权益人）应当分别符合相关要求。项目公司作为发起人（原始权益人）的，应当已落实融资方案，前期融资实际到账。项目公司、项目公司的股东作为发起人（原始权益人）申请通过发行主管部门绿色通道受理的，项目还应当成功运营 2 年以上，发起人（原始权益人）信用稳健，最近三年未发生重大违约或虚假信息披露，无不良信用记录。

三、完善 PPP 项目资产证券化工作程序

（六）依据合同约定自主开展资产证券化。政府方和社会资本方应在 PPP 合同中，通过适当的方式约定相关各方的资产证券化权利和义务，发起人（原始权益人）可按照合同约定自主决定开展资产证券化，向发行主管部门提交发行申请。PPP 项目相关各方应按合同约定，配合接受尽职调

查，提供相关材料，协助开展资产证券化产品的方案设计和信用评级等工作。

（七）择优筛选 PPP 项目开展资产证券化。优先支持水务、环境保护、交通运输等市场化程度较高、公共服务需求稳定、现金流可预测性较强的行业开展资产证券化。优先支持政府偿付能力较好、信用水平较高，并严格履行 PPP 项目财政管理要求的地区开展资产证券化。重点支持符合雄安新区和京津冀协同发展、"一带一路"、长江经济带等国家战略的 PPP 项目开展资产证券化。鼓励作为项目公司控股股东的行业龙头企业开展资产证券化，盘活存量项目资产，提高公共服务供给能力。

（八）择优推荐 PPP 项目资产证券化。省级财政部门可会同行业主管部门择优推荐资产证券化项目。PPP 项目资产证券化发起人（原始权益人）可在向发行主管部门提交申请前，自主向省级财政部门和行业主管部门提出推荐申请。申请材料包括但不限于 PPP 项目实施方案、PPP 合同、物有所值评价报告和财政承受能力论证报告、项目运营年报，以及项目资产证券化方案说明书、交易结构图、法律意见书等。省级财政部门可会同行业主管部门，按照有关监管规定和本通知要求，出具推荐意见并抄报财政部。

（九）进一步优化 PPP 项目资产证券化审核程序。发行主管部门应根据资产证券化业务规定，对申报的 PPP 项目进行审核和监管。对于各省级财政部门推荐的项目和中国政企合作支持基金投资的项目，中国银行间市场交易商协会、证券交易所、中国证券投资基金业协会等单位要研究建立受理、审核及备案的绿色通道，专人专岗负责，提高注册、备案、审核、发行和挂牌的工作效率。要根据 PPP 项目证券化开展情况，进一步完善资产证券化制度体系，指导有关单位研究完善自律规则及负面清单。

四、着力加强 PPP 项目资产证券化监督管理

（十）切实做好风险隔离安排。PPP 项目资产证券化的发起人（原始权益人），要严格按照资产证券化规则与相关方案、合同约定，合理设计资产

证券化产品的发行交易结构，通过特殊目的载体（SPV）和必要的增信措施，坚持真实出售、破产隔离原则，在基础资产与发起人（原始权益人）资产之间做好风险隔离。发起人（原始权益人）要配合中介机构履行基础资产移交、现金流归集、信息披露、提供增信措施等相关义务，不得通过资产证券化改变控股股东对 PPP 项目公司的实际控制权和项目运营责任，实现变相"退出"，影响公共服务供给的持续性和稳定性。资产证券化产品如出现偿付困难，发起人（原始权益人）应按照资产证券化合同约定与投资人妥善解决，发起人（原始权益人）不承担约定以外的连带偿付责任。

（十一）合理分担资产证券化的成本收益。PPP 项目公司资产证券化的发行成本应当由项目公司按照合同约定承担，不得将发行成本转嫁给政府和社会资本方。鼓励 PPP 项目公司及其股东通过加强日常运营维护管理或者提供合理支持，为基础资产产生预期现金流提供必要的保障，PPP 项目公司及其股东可综合采取担保、持有次级等多种方式进行增信，避免单一增信方式增加对项目公司或股东的负担。PPP 项目公司通过发行资产证券化产品优化负债结构的，节省综合融资成本带来的超额收益，应按照合同约定进行分配。

（十二）切实防范刚性兑付风险。PPP 项目所在地财政部门要会同行业主管部门加强项目全生命周期的合同履约管理，以 PPP 合同约定的支付责任为限，严格按照项目绩效评价结果进行支付（含使用者付费项目），保障社会资本方获得合理回报。资产证券化产品的偿付责任，由特殊目的载体（SPV）以其持有的基础资产和增信安排承担，不得将资产证券化产品的偿付责任转嫁给政府或公众，并影响公共服务的持续稳定供给。

（十三）充分披露资产证券化相关信息。金融机构、中介服务机构等应做好尽职调查，确保 PPP 项目资产证券化业务符合相关政策要求。PPP 项目资产证券化的发起人（原始权益人）、管理人及其他信息披露义务人应当严格按照资产证券化业务相关规定，在 PPP 综合信息平台以及市场认可的信息披露网站，披露项目实施信息、资产证券化年度管理报告、收益分配报告等信息，确保项目实施和资产证券化业务公开透明、有序实施，接受社会和市场监督。

（十四）大力营造良好发展环境。建立多元化、可持续的资金保障机制，推动不动产投资信托基金（REITs）发展，鼓励各类市场资金投资 PPP 项目资产证券化产品。加大 PPP 项目资产证券化政策宣传培训力度，提高各方资产证券化业务操作能力。财政部、中国人民银行、中国证监会建立完善 PPP 项目资产证券化协同管理机制，加强沟通合作，实现 PPP 项目实施和风险监测信息共享。省级财政部门和中国人民银行、中国证监会当地派出机构要高度重视，认真组织实施，切实做好 PPP 项目资产证券化相关工作，推动 PPP 项目资产证券化持续健康发展。

财政部　中国人民银行　中国证监会

2017 年 6 月 7 日

关于规范政府和社会资本合作（PPP）
综合信息平台项目库管理的通知

财办金〔2017〕92 号

各省、自治区、直辖市、计划单列市财政厅（局），新疆生产建设兵团财务局：

为深入贯彻落实全国金融工作会议精神，进一步规范政府和社会资本合作（PPP）项目运作，防止 PPP 异化为新的融资平台，坚决遏制隐性债务风险增量，现将规范全国 PPP 综合信息平台项目库（以下简称"项目库"）管理有关事项通知如下。

一、总体要求

（一）统一认识。各级财政部门要深刻认识当前规范项目库管理的重要意义，及时纠正 PPP 泛化滥用现象，进一步推进 PPP 规范发展，着力推动 PPP 回归公共服务创新供给机制的本源，促进实现公共服务提质增效目标，夯实 PPP 可持续发展的基础。

（二）分类施策。各级财政部门应按项目所处阶段将项目库分为项目储备清单和项目管理库，将处于识别阶段的项目，纳入项目储备清单，重点进行项目孵化和推介；将处于准备、采购、执行、移交阶段的项目，纳入项目管理库，按照 PPP 相关法律法规和制度要求，实施全生命周期管理，确保规范运作。

（三）严格管理。各级财政部门应严格项目管理库入库标准和管理要求，建立健全专人负责、持续跟踪、动态调整的常态化管理机制，及时将条件不符合、操作不规范、信息不完善的项目清理出库，不断提高项目管理库信息质量和管理水平。

二、严格新项目入库标准

各级财政部门应认真落实相关法律法规及政策要求，对新申请纳入项目管理库的项目进行严格把关，优先支持存量项目，审慎开展政府付费类项目，确保入库项目质量。存在下列情形之一的项目，不得入库：

（一）不适宜采用 PPP 模式实施。包括不属于公共服务领域，政府不负有提供义务的，如商业地产开发、招商引资项目等；因涉及国家安全或重大公共利益等，不适宜由社会资本承担的；仅涉及工程建设，无运营内容的；其他不适宜采用 PPP 模式实施的情形。

（二）前期准备工作不到位。包括新建、改扩建项目未按规定履行相关立项审批手续的；涉及国有资产权益转移的存量项目未按规定履行相关国有资产审批、评估手续的；未通过物有所值评价和财政承受能力论证的。

（三）未建立按效付费机制。包括通过政府付费或可行性缺口补助方式获得回报，但未建立与项目产出绩效相挂钩的付费机制的；政府付费或可行性缺口补助在项目合作期内未连续、平滑支付，导致某一时期内财政支出压力激增的；项目建设成本不参与绩效考核，或实际与绩效考核结果挂钩部分占比不足 30％，固化政府支出责任的。

三、集中清理已入库项目

各级财政部门应组织开展项目管理库入库项目集中清理工作，全面核实项目信息及实施方案、物有所值评价报告、财政承受能力论证报告、采购文件、PPP 项目合同等重要文件资料。属于上述第（一）、（二）项不得入库情形或存在下列情形之一的项目，应予以清退：

（一）未按规定开展"两个论证"。包括已进入采购阶段但未开展物有所值评价或财政承受能力论证的（2015 年 4 月 7 日前进入采购阶段但未开展财政承受能力论证以及 2015 年 12 月 18 日前进入采购阶段但未开展物有所值评价的项目除外）；虽已开展物有所值评价和财政承受能力论证，但评价方法和程序不符合规定的。

（二）不宜继续采用 PPP 模式实施。包括入库之日起一年内无任何实质性进展的；尚未进入采购阶段但所属本级政府当前及以后年度财政承受能力已超过 10% 上限的；项目发起人或实施机构已书面确认不再采用 PPP 模式实施的。

（三）不符合规范运作要求。包括未按规定转型的融资平台公司作为社会资本方的；采用建设—移交（BT）方式实施的；采购文件中设置歧视性条款、影响社会资本平等参与的；未按合同约定落实项目债权融资的；违反相关法律和政策规定，未按时足额缴纳项目资本金、以债务性资金充当资本金或由第三方代持社会资本方股份的。

（四）构成违法违规举债担保。包括由政府或政府指定机构回购社会资本投资本金或兜底本金损失的；政府向社会资本承诺固定收益回报的；政府及其部门为项目债务提供任何形式担保的；存在其他违法违规举债担保行为的。

（五）未按规定进行信息公开。包括违反国家有关法律法规，所公开信息与党的路线方针政策不一致或涉及国家秘密、商业秘密、个人隐私和知识产权，可能危及国家安全、公共安全、经济安全和社会稳定或损害公民、法人或其他组织合法权益的；未准确完整填写项目信息，入库之日起一年内未更新任何信息，或未及时充分披露项目实施方案、物有所值评价、财政承受能力论证、政府采购等关键信息的。

四、组织实施

（一）落实责任主体。各省级财政部门要切实履行项目库管理主体责任，统一部署辖内市、区、县财政部门开展集中清理工作。财政部政府和社会资本合作中心（以下称"财政部 PPP 中心"）负责开展财政部 PPP 示范项目的核查清理工作，并对各地项目管理库清理工作进行业务指导。

（二）健全工作机制。各省级财政部门应成立集中清理专项工作组，制定工作方案，明确任务分工、工作要求和时间进度，落实专人负责，并可邀请专家参与。地方各级财政部门应当会同有关方面加强政策宣传和舆论引导，重要情况及时向财政部报告。

（三）明确完成时限。各省级财政部门应于 2018 年 3 月 31 日前完成本地区项目管理库集中清理工作，并将清理工作完成情况报财政部金融司备案。

（四）确保整改到位。对于逾期未完成清理工作的地区，由财政部 PPP 中心指导并督促其于 30 日内完成整改。逾期未完成整改或整改不到位的，将暂停该地区新项目入库直至整改完成。

财政部办公厅

2017 年 11 月 10 日

关于加强中央企业 PPP
业务风险管控的通知

国资发财管〔2017〕192 号

各中央企业：

PPP（政府与社会资本合作）模式是我国基础设施和公共服务供给机制的重大创新，对于推进供给侧结构性改革、创新投融资机制、提升公共服务的供给质量和效率具有重要意义。

近年来，中央企业主动适应改革要求，努力拓展市场，积极探索开展PPP业务，在推动自身业务快速发展的同时，有力支持了地方经济发展，取得了良好成效。

为贯彻新发展理念，提高中央企业境内PPP业务经营管理水平，有效防范经营风险，实现规范有序可持续发展，现将有关工作要求通知如下：

一、坚持战略引领，强化集团管控。

各中央企业要紧密围绕企业发展战略和规划，建立健全本企业PPP业务管控体系，稳妥开展PPP业务。

一是加强战略引领。立足企业功能界定与分类定位，结合企业战略和发展方向，充分考虑企业财务资源和业务能力，规划本企业PPP业务发展。PPP业务较为集中的企业应编制PPP业务专项规划，优化PPP业务布局和结构。

二是完善全过程管控体系。建立健全PPP项目管理制度，从预算约束、事前可研决策、事中项目实施管理、事后投资评价等方面细化管控流程，构建权责明晰的管理机制，加强企业投资、财务、法务、审计等部门的协同配合，形成管控合力。

三是加强集团管控。明确集团对 PPP 业务管控的主体责任和各级子企业的具体管理责任，由集团总部（含整体上市的上市公司总部）负责统一审批 PPP 业务。

四是依法依规操作。加强投标管理及合同谈判，严格执行合规审查程序，切实防范 PPP 业务中的违法违规风险，妥善处理并及时报备重大法律纠纷案件。

二、严格准入条件，提高项目质量。

各中央企业要将源头管控作为加强 PPP 业务管理的重中之重，细化 PPP 项目选择标准，优中选优，规范有序参与市场竞争，有效应对项目占用资金规模大、回报周期长带来的潜在风险。

一是聚焦主业。根据项目投资、建设、运营等环节特征准确界定集团主业投资领域，认真筛选符合集团发展方向、具备竞争优势的项目。将 PPP 项目纳入企业年度投资计划管理，严控非主业领域 PPP 项目投资。

二是坚持"事前算赢"原则，在项目决策前充分开展可行性分析，参考本企业平均投资回报水平合理设定 PPP 投资财务管控指标，投资回报率原则上不应低于本企业相同或相近期限债务融资成本，严禁开展不具备经济性的项目，严厉杜绝盲目决策，坚决遏制短期行为。

三是认真评估 PPP 项目中合作各方的履约能力。在通过财政承受能力论证的项目中，优先选择发展改革、财政等部门入库项目，不得参与付费来源缺乏保障的项目。

三、严格规模控制，防止推高债务风险。

各中央企业要高度关注 PPP 业务对企业财务结构平衡的影响，综合分析本企业长期盈利能力、偿债能力、现金流量和资产负债状况等，量力而行，对 PPP 业务实行总量管控，从严设定 PPP 业务规模上限，防止过度推高杠杆水平。

一是纳入中央企业债务风险管控范围的企业集团，累计对 PPP 项目的净投资（直接或间接投入的股权和债权资金、由企业提供担保或增信的其他资金之和，减去企业通过分红、转让等收回的资金）原则上不得超过上一年度集团合并净资产的 50%，不得因开展 PPP 业务推高资产负债率。

二是集团要做好内部风险隔离，明确相关子企业 PPP 业务规模上限；资产负债率高于 85% 或近 2 年连续亏损的子企业不得单独投资 PPP 项目。

三是集团应加强对非投资金融类子企业的管控，严格执行国家有关监管政策，不得参与仅为项目提供融资、不参与建设或运营的项目。

四、优化合作安排，实现风险共担。

各中央企业在 PPP 项目中应充分发挥项目各合作方在融资、建设、运营等方面的比较优势，合理确定股权比例、融资比例，努力降低综合融资成本，切实做好项目运营合作安排，实现合作共赢。

一是落实股权投资资金来源。各企业要严格遵守国家重大项目资本金制度，合理控制杠杆比例，做好拟开展 PPP 项目的自有资金安排，根据项目需要积极引入优势互补、协同度高的其他非金融投资方，吸引各类股权类受托管理资金、保险资金、基本养老保险基金等参与投资，多措并举加大项目资本金投入，但不得通过引入"名股实债"类股权资金或购买劣后级份额等方式承担本应由其他方承担的风险。

二是优化债权资金安排。积极与各类金融机构建立 PPP 业务合作关系，争取长期低成本资金支持，匹配好债务融资与项目生命周期。

三是规范融资增信。在 PPP 项目股权合作中，不得为其他方股权出资提供担保、承诺收益等；项目债务融资需要增信的，原则上应由项目自身权益、资产或股权投资担保，确需股东担保的应由各方股东按照出资比例共同担保。

四是做好运营安排，探索多元化的项目回报机制。结合企业发展需要，不断提高 PPP 项目专业化运营管理能力，对于尚不具备专业化运营管理能力的项目，通过合资合作、引入专业化管理机构等措施，确保项目安全高效运营。

五是积极盘活存量投资，完善退出机制。根据自身和项目需要，持续优化资金安排，积极通过出让项目股份、增资扩股、上市融资、资产证券化等多渠道盘活资产、收回资金，实现 PPP 业务资金平衡和良性循环。

五、规范会计核算，准确反映 PPP 业务状况。

各中央企业应当根据《企业会计准则》相关规定规范 PPP 业务会计核算。

一是规范界定合并范围。根据股权出资比例、合作方投资性质、与合作方关联关系（如合营、担保、提供劣后级出资等），对项目融资、建设和运营的参与程度，风险回报分担机制，合作协议或章程约定等，按照"实质重于形式"原则综合判断对 PPP 项目的控制程度，规范界定合并范围；对确属无控制权的 PPP 项目，应当建立单独台账，动态监控项目的经营和风险状况，严防表外业务风险。

二是足额计提资产减值准备。定期对 PPP 项目长期股权投资、取得的收费权、股东借款等资产进行减值测试，重点关注实际运营情况与项目可研预期差距较大、合作方付款逾期等减值迹象，及时足额计提减值准备，防范资产价值不实。

三是规范核算项目收益。同时参与 PPP 项目投资、建设或运营的企业，应当合理划分和规范核算各阶段收益。

六、严肃责任追究，防范违规经营投资行为。

各中央企业要切实承担起对 PPP 业务管控的主体责任，加强对全集团 PPP 业务的审计与监督检查，不断提高 PPP 业务投资经营管理水平。要对

PPP 业务经营投资责任实施规范化、科学化、全周期管理，完善决策事项履职记录。

对违反本通知要求，未履行或未正确履行投资管理职责造成国有资产损失以及其他严重不良后果的各级经营管理人员，要严肃追究责任，同时对 PPP 业务重大决策实施终身责任追究制度。

各中央企业要对照本通知要求，全面梳理已签约 PPP 项目，根据发现的风险和问题，及时完善制度，加强管控，提出应对措施。

对存在瑕疵的项目，要积极与合作方协商完善；对不具备经济性或存在其他重大问题的项目，要逐一制定处置方案，风险化解前，该停坚决停止，未开工项目不得开工。

国务院国有资产监督管理委员会

2017 年 11 月 17 日

国家发展改革委办公厅　财政部办公厅关于进一步增强企业债券服务实体经济能力严格防范地方债务风险的通知

发改办财金〔2018〕194 号

各省、自治区、直辖市及计划单列市、新疆生产建设兵团发展改革委、财政厅（局）：

为深入贯彻落实党的十九大、中央经济工作会议和全国金融工作会议精神，进一步发挥企业债券直接融资功能，增强金融服务实体经济能力，坚决打好防范化解重大风险攻坚战，严格防范地方债务风险，坚决遏制地方政府隐性债务增量，现就企业债券工作有关事项通知如下。

一、申报企业应当建立健全规范的公司治理结构、管理决策机制和财务管理制度，严禁党政机关公务人员未经批准在企业兼职（任职）。申报企业拥有的资产应当质量优良、权属清晰，严禁将公立学校、公立医院、公共文化设施、公园、公共广场、机关事业单位办公楼、市政道路、非收费桥梁、非经营性水利设施、非收费管网设施等公益性资产及储备土地使用权计入申报企业资产。

二、申报企业应当真实、准确、完整地披露企业自身财务信息和项目信息等，支持投资者有效甄别风险，严禁涉及与地方政府信用挂钩的虚假陈述、误导性宣传。信用评级机构应当基于企业财务和项目信息等开展评级工作，不得将申报企业信用与地方政府信用挂钩。相关企业申报债券时应主动公开声明不承担政府融资职能，发行本期债券不涉及新增地方政府债务。

三、申报企业应当实现业务市场化、实体化运营，依法合规开展市场化融资，并充分论证、科学决策利用债券资金支持投资项目建设的必要性、可行性和经济性。申报企业应当依托自身信用制订本息偿付计划和落实偿债保障措施，确保债券本息按期兑付，切实做到"谁借谁还、风险自担"。严禁申报企业以各种名义要求或接受地方政府及其所属部门为其市场化融资行为提供担保或承担偿债责任。

四、纯公益性项目不得作为募投项目申报企业债券。利用债券资金支持的募投项目，应严格执行项目资本金制度，并建立市场化的投资回报机制，形成持续稳定、合理可行的预期收益。

五、募投项目若有取得投资补助、运营补贴、财政贴息等财政资金支持的，程序和内容必须依法合规，必须把地方财政承受能力和中长期财政可持续作为重要约束条件，坚决杜绝脱离当地财力可能进行财政资金支持。相关财政资金应按照规定在年度预算中足额安排，涉及跨年度实施的项目应当列入中期财政规划并实行三年滚动管理，严格落实资金来源。

六、规范以政府和社会资本合作（PPP）项目发行债券融资。严格 PPP 模式适用范围，审慎评估政府付费类 PPP 项目、可行性缺口补助 PPP 项目发债风险，严禁采用 PPP 模式违法违规或变相举债融资。

七、建立健全责任主体信用记录，对经有关部门认定为因涉地方政府违法违规融资和担保活动的申报企业、承销机构、会计师事务所、律师事务所、信用评级机构等主体及其主要负责人，加大惩处问责力度，纳入相关领域黑名单和全国信用信息共享平台归集共享，实施跨部门联合惩戒，及时公开通报，并限制相关责任主体新申报或推荐申报企业债券。

八、各地财政部门应当按规定在年度预算中安排资金及时支付给依法合规承接政府投资项目的企业，防止地方政府恶意拖欠企业工程款。

九、各地发展改革部门应积极组织区域内市场化运营的优质企业、优质项目开展债券融资，进一步增强企业债券服务实体经济能力。各地发展改革部门应切实加大事中事后监管力度，利用社会信用体系建设、大数据预警监测分析等多种创新方式，加强对债券资金使用情况和项目后续建设运营情况的督促检查，确保企业债券市场平稳有序健康发展。

国家发展改革委办公厅

财政部办公厅

2018 年 2 月 8 日

关于在旅游领域推广政府和社会
资本合作模式的指导意见

文旅旅发〔2018〕3 号

各省、自治区、直辖市旅游发展委员会（旅游局），财政厅（局）：

政府和社会资本合作模式是完善公共服务供给机制的重要方向，是国家治理体系和治理能力现代化的重要内容。为更好鼓励运用政府和社会资本合作（PPP）模式改善旅游公共服务供给，现提出如下意见：

一、总体要求

全面贯彻党的十九大和十九届三中全会精神，以习近平新时代中国特色社会主义思想为指导，坚持稳中求进工作总基调，坚持新发展理念，按照高质量发展的要求，统筹推进"五位一体"总体布局和协调推进"四个全面"战略布局，坚持以旅游供给侧结构性改革为主线，紧扣人民日益增长的旅游美好生活需要和不平衡不充分的旅游业发展之间的矛盾，以全域旅游为导向，以优质旅游为目标，逐步加强旅游基础设施建设，持续提升旅游公共服务供给水平，着力发挥旅游业在精准扶贫中的重要作用，大力推动旅游业质量变革、效率变革、动力变革。

二、基本原则

——明确内涵，厘清外延。深化对 PPP 模式的理解认识，防止简单化和片面化倾向，把公共服务供给作为界定 PPP 模式的核心，厘清政府责任与市场机制的边界。

——夯实基础，全民受益。针对旅游业的不同类型，坚持公共服务属性，优化配置资源，保障旅游基础设施和公共服务供给，促进社会资本竞争和创新，确保公共利益最大化。

——加强引导，规范发展。将公共服务产品质量和群众满意度作为政府付费的重要依据。加大政策扶持力度，强化绩效评价和项目监管，确保项目顺利实施、规范运作，防止地方政府违法违规或变相举借债务，防范财政金融风险。

——运营为本，重诺履约。鼓励各类市场主体通过公开竞争性方式参与项目合作，明确各参与主体的责任、权利关系和风险分担机制，强化项目运营，树立契约理念，诚实守信，严格履约。

三、重点领域

通过在旅游领域推广政府和社会资本合作模式，推动项目实施机构对政府承担的资源保护、环境整治、生态建设、文化传承、咨询服务、公共设施建设等旅游公共服务事项与相邻相近相关的酒店、景区、商铺、停车场、物业、广告、加油加气站等经营性资源进行统筹规划、融合发展、综合提升，不断优化旅游公益性服务和公共产品供给，促进旅游资源保护和合理利用，完善旅游资源资产价值评估，更好地满足人民群众对旅游公共服务的需要，大力推动旅游业提质增效和转型升级。

重点包括但不限于以下领域：

（一）旅游景区。在依法合规的前提下，以国有自然、文化资源资产的科学保护和合理利用为导向，重点加强景区道路、环卫设施、游憩设施、标识系统等基础设施和安全设施建设，加强景区及周边环境的综合整治。优先支持开放型景区开展旅游 PPP 项目建设。

（二）全域旅游。以创建全域旅游示范区为导向，对一定区域内的厕所、咨询服务体系、旅游引导标识系统、旅游资源保护等与酒店、景区等经营性旅游资源进行整合开发建设。

（三）乡村旅游。以促进乡村优秀传统文化的保护与传承为导向，在现代农业庄园、田园综合体、农业观光园、农村产业融合示范园、精品民宿等经营性开发中对垃圾收集站、旅游标识标牌等进行统一规划与建设。

（四）自驾车旅居车营地。依托交通集散地、景区景点等建设自驾车旅居车营地，加强水、电、气、排污、垃圾处理等基础设施和自驾游服务中心、环卫设施等配套建设。

（五）旅游厕所。通过以商建厕、以商管厕、以商养厕等方式，鼓励社会资本方对一定区域内的厕所进行统一开发建设和运管管理。

（六）旅游城镇。以加强城市、乡镇、街区等特色旅游资源的保护为导向，鼓励社会资本方将特色旅游资源的科学保护、合理利用及相关配套经营性服务设施的建设运营等进行统筹规划、有机衔接。

（七）交通旅游。支持地方政府将交通项目和旅游资源的利用融合建设、一体发展，鼓励社会资本方参与旅游风景道、邮轮港口、游船码头、公共游艇码头、旅游集散中心、通景公路及相关配套服务设施的建设。

（八）智慧旅游。鼓励和支持政府和社会资本方采取 PPP 模式开展智慧旅游城市、智慧旅游景区、智慧旅游公共服务平台、旅游数据中心、旅游基础数据库等建设。

（九）健康旅游等新业态。鼓励政府和社会资本方将旅游资源的经营性开发项目与养老、体育、健康、研学等领域公共服务供给相衔接。

优先支持符合本意见要求的全国优选旅游项目、旅游扶贫贷款项目等存量项目转化为旅游 PPP 项目。

四、严格执行财政 PPP 工作制度

（一）严格筛选项目。各级旅游、财政部门要加强合作，依托全国 PPP

综合信息平台，科学论证筛选，优先选择有经营性现金流、适宜市场化运作、强化运营管理的旅游公共设施及公共服务项目，做好项目储备，明确年度及中长期项目开发计划，确保工作有序推进。

（二）确保公平竞争。各级旅游、财政部门要加强协作，指导项目实施机构依法通过公开、公平、竞争性方式，择优选择具备项目所需建设运营能力和履约能力的社会资本开展合作，保障各类市场主体平等参与旅游 PPP 项目合作，消除本地保护主义和各类隐形门槛。鼓励金融机构早期介入项目前期准备，提高项目融资可获得性。

（三）合理分担风险。各级旅游、财政部门要加强协作，指导项目实施机构按照风险分担、利益共享的原则，充分识别、合理分配和有效应对 PPP 项目风险。保障政府知情权，政府可以参股项目公司；保障项目公司的经营独立性和风险隔离功能，政府不得干预企业日常经营决策，不得违规兜底项目建设运营风险。

（四）保障合理回报。各级旅游、财政部门要加强协作，指导项目实施机构根据项目特点构建合理的项目回报机制，财政部门依据项目合同约定将财政支出责任纳入地方政府年度预算和中期财政规划，按项目绩效考核结果向社会资本支付对价，保障社会资本获得合理收益。

（五）严格债务管理。各地财政部门要认真组织开展项目物有所值评价和财政承受能力论证，加强本辖区内 PPP 项目财政支出责任统计和超限预警，严格政府债务管理，对政府参股及付费项目，加强建设、运营成本控制，严禁政府或政府指定机构回购社会资本投资本金或兜底本金；政府不得向社会资本承诺固定或最低收益回报；政府部门不得为项目债务提供任何形式担保；严禁存在其他违法违规举债担保行为。

（六）强化信息公开。各级旅游、财政部门要认真落实《政府和社会资本合作（PPP）综合信息平台信息公开管理暂行办法》（财金〔2017〕1 号）有关要求，做好 PPP 项目全生命周期信息公开工作，及时、完整、准确地录入旅游 PPP 项目信息，及时披露项目识别论证、政府采购及预算安排等关键信息，增强社会资本和金融机构信心，保障公众知情权，接受社会监督。

（七）加强绩效考核。各级旅游、财政部门要加强协作，共同推动建立旅游PPP项目绩效考核机制，跟踪掌握项目实施和资金使用情况，推动形成项目监管与资金安排相衔接的激励制约机制。

五、加大政策保障

（一）强化工作协同合作。两部门共同推动地方人民政府积极探索建立跨部门旅游PPP工作领导协调机制，加强政府统一领导，明确部门职责分工，强化培训引导，形成工作合力，推动项目顺利实施。

（二）建立优先推荐函制度。对于地方人民政府重点推荐的旅游PPP项目，省级旅游部门在充分征求省级财政部门意见的基础上，向国家旅游局报送推荐旅游PPP项目目录，每个省（区、市）不超过2个；由文化和旅游部、财政部组织专家论证后，择优选取并共同向社会推荐。

（三）优化资金投入方式。各级财政部门、旅游部门要探索创新旅游公共服务领域资金投入机制，进一步改进和加强资金使用管理，发挥财政资金引导撬动作用，推动金融和社会资本更多投向旅游领域，提高投资有效性和公共资金使用效益。积极鼓励民营资本参与PPP项目建设，不得设置限制条款或任意提高门槛。

（四）发挥典型带动作用。各地财政部门、旅游部门要共同做好旅游PPP项目申报的指导工作，加强对实施效果好、社会评价高的旅游PPP项目的经验总结和案例推广。

（五）拓宽金融支持渠道。充分发挥中国政企合作支持基金和中国旅游产业基金的股权投资引导作用，鼓励各地设立PPP项目担保基金，带动更多金融机构加大对旅游PPP项目的投融资支持。鼓励金融机构在符合当前监管政策的前提下创新PPP金融服务，可纳入开发性、政策性金融支持范畴，优化信贷流程，鼓励能够产生可预期现金流的旅游PPP项目通过发行债券和资产证券化等市场化方式进行融资。鼓励保险资金按照市场化原则，创新运用多种方式参与项目，创新开发适合旅游 PPP 项目的保险产品。

（六）建立动态评估调整机制。积极推进旅游公共服务领域价格改革，引导各地综合考虑建设运营成本、财政承受能力、居民意愿等因素，合理确定旅游服务价格水平和补偿机制，推动建立价格动态调整和上下游联动机制，增强社会资本收益预期，提高社会资本参与积极性。逐步建立完善科学的旅游资源论证评估和 PPP 项目绩效评价体系，动态掌握项目整体运营管理情况。

（七）合理安排旅游用地。落实好《国土资源部、住房和城乡建设部、国家旅游局关于支持旅游业发展用地政策的意见》（国土资规〔2015〕10 号）及相关涉旅用地政策，有条件的地区可优先支持旅游 PPP 项目开发建设。

对于文件执行之中遇到的问题，请各地及时向文化和旅游部、财政部报告。

文化和旅游部　财政部

2018 年 4 月 19 日

关于进一步加强政府和社会资本合作
（PPP）示范项目规范管理的通知

财金〔2018〕54 号

各省、自治区、直辖市、计划单列市财政厅（局），新疆生产建设兵团财政局：

PPP 示范项目在引导规范运作、带动区域发展、推动行业破冰、推广经验模式等方面发挥了积极作用。但从近期核查情况看，部分示范项目存在进展缓慢、执行走样等问题。为进一步强化示范项目规范管理，更好发挥引领带动作用，现就有关事项通知如下：

一、对核查存在问题的 173 个示范项目分类进行处置

（一）将不再继续采用 PPP 模式实施的包头市立体交通综合枢纽及综合旅游公路等 30 个项目，调出示范项目名单，并清退出全国 PPP 综合信息平台项目库（以下简称项目库）。

（二）将尚未完成社会资本方采购或项目实施发生重大变化的北京市丰台区河西第三水厂等 54 个项目，调出示范项目名单，保留在项目库，继续采用 PPP 模式实施。

（三）对于运作模式不规范、采购程序不严谨、签约主体存在瑕疵的 89 个项目，请有关省级财政部门会同有关方面抓紧督促整改，于 6 月底前完成。逾期仍不符合相关要求的，调出示范项目名单或清退出项目库。

地方各级财政部门要会同有关部门妥善做好退库项目后续处置工作：对于尚未启动采购程序的项目，调整完善后拟再次采用 PPP 模式实施的，应当

充分做好前期论证，按规定办理入库手续；无法继续采用 PPP 模式实施的，应当终止实施或采取其他合规方式继续推进。对于已进入采购程序或已落地实施的项目，应当针对核查发现的问题进行整改，做到合法合规；终止实施的，应当依据法律法规和合同约定，通过友好协商或法律救济途径妥善解决，切实维护各方合法权益。

二、引以为戒，加强项目规范管理

（一）夯实项目前期工作。按国家有关规定认真履行规划立项、土地管理、国有资产审批等前期工作程序，规范开展物有所值评价和财政承受能力论证。不得突破 10% 红线新上项目，不得出现"先上车、后补票"、专家意见缺失或造假、测算依据不统一、数据口径不一致、仅测算单个项目支出责任等现象。

（二）切实履行采购程序。加强对项目实施方案和采购文件的审查，对于采用单一来源采购方式的项目，必须符合政府采购法及其实施条例相关规定。不得设置明显不合理的准入门槛或所有制歧视条款，不得未经采购程序直接指定第三方代持社会资本方股份。

（三）严格审查签约主体。坚持政企分开原则，加强 PPP 项目合同签约主体合规性审查，国有企业或地方政府融资平台公司不得代表政府方签署 PPP 项目合同，地方政府融资平台公司不得作为社会资本方。

（四）杜绝违法违规现象。坚守合同谈判底线，加强合同内容审查，落实项目风险分配方案，合同中不得约定由政府方或其指定主体回购社会资本投资本金，不得弱化或免除社会资本的投资建设运营责任，不得向社会资本承诺最低投资回报或提供收益差额补足，不得约定将项目运营责任返包给政府方出资代表承担或另行指定社会资本方以外的第三方承担。

（五）强化项目履约监管。夯实社会资本融资义务，密切跟踪项目公司设立和融资到位情况。不得以债务性资金充当项目资本金，政府不得为社会资本或项目公司融资提供任何形式的担保。落实中长期财政规划和年度预算安排，加强项目绩效考核，落实按效付费机制，强化激励约束效果，确保公共服务安全、稳定、高效供给。

三、切实强化信息公开，接受社会监督

（一）提升信息公开质量。通过 PPP 综合信息平台及时、准确、完整、充分披露示范项目关键信息，及时上传项目实施方案、物有所值评价报告、财政承受能力论证报告、采购文件等重要附件及相关批复文件，保障项目信息前后连贯、口径一致、账实相符。

（二）加强运行情况监测。及时更新 PPP 项目开发目录、财政支出责任、项目采购、项目公司设立、融资到位、建设进度、绩效产出、预算执行等信息，实时监测项目运行情况、合同履行情况和项目公司财务状况，强化风险预警与早期防控。

（三）强化咨询服务监督。全面披露参与示范项目论证、采购、谈判等全过程咨询服务的专家和咨询机构信息，主动接受社会监督。建立健全咨询服务绩效考核和投诉问责机制，将未妥善履行咨询服务职责或提供违法违规咨询意见的专家或咨询机构，及时清退出 PPP 专家库或咨询机构库。

四、建立健全长效管理机制

（一）落实示范项目管理责任。各省级财政部门为辖内示范项目管理的第一责任人，负责健全本地区示范项目的专人负责、对口联系和跟踪指导机制，监督指导辖内市县做好示范项目规范实施、信息公开等工作，对示范项目实施过程中出现的重点、难点问题，及时向财政部报告。示范项目所属本级财政部门应会同行业主管部门加强项目前期论证、采购、执行、移交等全生命周期管理，监督项目各参与方切实履行合同义务，确保项目规范运作、

顺利实施。财政部 PPP 中心负责全国 PPP 示范项目执行情况的统一指导和汇总统计。

（二）强化示范项目动态管理。地方各级财政部门要会同有关部门加强示范项目动态管理，确保项目执行不走样。对于项目名称、实施机构等非核心条件发生变更的，应及时向财政部 PPP 中心备案；对于项目合作内容、总投资、运作方式、合作期限等核心边界条件与入选示范项目时相比发生重大变化的，应及时向财政部 PPP 中心申请调出示范项目名单，并对项目实施方案、物有所值评价报告、财政承受能力论证报告、采购文件、项目合同等进行相应调整、变更。因项目规划调整、资金落实不到位等原因，不再继续采用 PPP 模式实施的，应及时向财政部 PPP 中心申请调出示范项目名单并退出项目库。

（三）开展示范项目定期评估。财政部 PPP 中心应定期组织第三方专业机构、专家等，开展示范项目执行情况评估。评估过程中发现示范项目存在运作不规范、实施情况发生重大变化或信息披露不到位等问题的，应及时调出示范项目名单或清退出项目库。其中已获得中央财政 PPP 项目以奖代补资金的，由省级财政部门负责追回并及时上缴中央财政。经评估效果良好的示范项目，由财政部 PPP 中心联合省级财政部门加强经验总结与案例推广。

财政部

2018 年 4 月 24 日

中央企业违规经营投资责任追究
实施办法（试行）

国务院国有资产监督管理委员会令第 37 号

《中央企业违规经营投资责任追究实施办法（试行）》已经国务院国有资产监督管理委员会主任办公会议审议通过，现予公布，自 2018 年 8 月 30 日起施行。

国务院国有资产监督管理委员会主任

肖亚庆

2018 年 7 月 13 日

中央企业违规经营投资责任追究实施办法（试行）

第一章 总 则

第一条 为加强和规范中央企业违规经营投资责任追究工作，进一步完善国有资产监督管理制度，落实国有资产保值增值责任，有效防止国有资产流失，根据《中华人民共和国公司法》、《中华人民共和国企业国有资产法》、《企业国有资产监督管理暂行条例》和《国务院办公厅关于建立国有企业违规经营投资责任追究制度的意见》等法律法规和文件，制定本办法。

第二条 本办法所称中央企业是指国务院国有资产监督管理委员会（以下简称国资委）代表国务院履行出资人职责的国家出资企业。

第三条 本办法所称违规经营投资责任追究（以下简称责任追究）是指中央企业经营管理有关人员违反规定，未履行或未正确履行职责，在经营投资中造成国有资产损失或其他严重不良后果，经调查核实和责任认定，对相关责任人进行处理的工作。

前款所称规定，包括国家法律法规、国有资产监管规章制度和企业内部管理规定等。前款所称未履行职责，是指未在规定期限内或正当合理期限内行使职权、承担责任，一般包括不作为、拒绝履行职责、拖延履行职责等；未正确履行职责，是指未按规定以及岗位职责要求，不适当或不完全行使职权、承担责任，一般包括未按程序行使职权、超越职权、滥用职权等。

第四条 责任追究工作应当遵循以下原则：

（一）坚持依法依规问责。以国家法律法规为准绳，按照国有资产监管规章制度和企业内部管理规定等，对违反规定、未履行或未正确履行职责造成国有资产损失或其他严重不良后果的企业经营管理有关人员，严肃追究责任，实行重大决策终身问责。

（二）坚持客观公正定责。贯彻落实"三个区分开来"重要要求，结合企业实际情况，调查核实违规行为的事实、性质及其造成的损失和影响，既考虑量的标准也考虑质的不同，认定相关人员责任，保护企业经营管理有关人员干事创业的积极性，恰当公正地处理相关责任人。

（三）坚持分级分层追责。国资委和中央企业原则上按照国有资本出资关系和干部管理权限，界定责任追究工作职责，分级组织开展责任追究工作，分别对企业不同层级经营管理人员进行追究处理，形成分级分层、有效衔接、上下贯通的责任追究工作体系。

（四）坚持惩治教育和制度建设相结合。在对违规经营投资相关责任人严肃问责的同时，加大典型案例总结和通报力度，加强警示教育，发挥震慑作用，推动中央企业不断完善规章制度，堵塞经营管理漏洞，提高经营管理水平，实现国有资产保值增值。

第五条　在责任追究工作过程中，发现企业经营管理有关人员违纪或职务违法的问题和线索，应当移送相应的纪检监察机构查处；涉嫌犯罪的，应当移送国家监察机关或司法机关查处。

第二章　责任追究范围

第六条　中央企业经营管理有关人员违反规定，未履行或未正确履行职责致使发生本办法第七条至第十七条所列情形，造成国有资产损失或其他严重不良后果的，应当追究相应责任。

第七条　集团管控方面的责任追究情形：

（一）违反规定程序或超越权限决定、批准和组织实施重大经营投资事项，或决定、批准和组织实施的重大经营投资事项违反党和国家方针政策、决策部署以及国家有关规定。

（二）对国家有关集团管控的规定未执行或执行不力，致使发生重大资产损失对生产经营、财务状况产生重大影响。

（三）对集团重大风险隐患、内控缺陷等问题失察，或虽发现但没有及时报告、处理，造成重大资产损失或其他严重不良后果。

（四）所属子企业发生重大违规违纪违法问题，造成重大资产损失且对集团生产经营、财务状况产生重大影响，或造成其他严重不良后果。

（五）对国家有关监管机构就经营投资有关重大问题提出的整改工作要求，拒绝整改、拖延整改等。

第八条　风险管理方面的责任追究情形：

（一）未按规定履行内控及风险管理制度建设职责，导致内控及风险管理制度缺失，内控流程存在重大缺陷。

（二）内控及风险管理制度未执行或执行不力，对经营投资重大风险未能及时分析、识别、评估、预警、应对和报告。

（三）未按规定对企业规章制度、经济合同和重要决策等进行法律审核。

（四）未执行国有资产监管有关规定，过度负债导致债务危机，危及企业持续经营。

（五）恶意逃废金融债务。

（六）瞒报、漏报、谎报或迟报重大风险及风险损失事件，指使编制虚假财务报告，企业账实严重不符。

第九条 购销管理方面的责任追究情形：

（一）未按规定订立、履行合同，未履行或未正确履行职责致使合同标的价格明显不公允。

（二）未正确履行合同，或无正当理由放弃应得合同权益。

（三）违反规定开展融资性贸易业务或"空转""走单"等虚假贸易业务。

（四）违反规定利用关联交易输送利益。

（五）未按规定进行招标或未执行招标结果。

（六）违反规定提供赊销信用、资质、担保或预付款项，利用业务预付或物资交易等方式变相融资或投资。

（七）违反规定开展商品期货、期权等衍生业务。

（八）未按规定对应收款项及时追索或采取有效保全措施。

第十条 工程承包建设方面的责任追究情形：

（一）未按规定对合同标的进行调查论证或风险分析。

（二）未按规定履行决策和审批程序，或未经授权和超越授权投标。

（三）违反规定，无合理商业理由以低于成本的报价中标。

（四）未按规定履行决策和审批程序，擅自签订或变更合同。

（五）未按规定程序对合同约定进行严格审查，存在重大疏漏。

（六）工程以及与工程建设有关的货物、服务未按规定招标或规避招标。

（七）违反规定分包等。

（八）违反合同约定超计价、超进度付款。

第十一条　资金管理方面的责任追究情形：

（一）违反决策和审批程序或超越权限筹集和使用资金。

（二）违反规定以个人名义留存资金、收支结算、开立银行账户等。

（三）设立"小金库"。

（四）违反规定集资、发行股票或债券、捐赠、担保、委托理财、拆借资金或开立信用证、办理银行票据等。

（五）虚列支出套取资金。

（六）违反规定超发、滥发职工薪酬福利。

（七）因财务内控缺失或未按照财务内控制度执行，发生资金挪用、侵占、盗取、欺诈等。

第十二条　转让产权、上市公司股权、资产等方面的责任追究情形：

（一）未按规定履行决策和审批程序或超越授权范围转让。

（二）财务审计和资产评估违反相关规定。

（三）隐匿应当纳入审计、评估范围的资产，组织提供和披露虚假信息，授意、指使中介机构出具虚假财务审计、资产评估鉴证结果及法律意见书等。

（四）未按相关规定执行回避制度。

（五）违反相关规定和公开公平交易原则，低价转让企业产权、上市公司股权和资产等。

（六）未按规定进场交易。

第十三条　固定资产投资方面的责任追究情形：

（一）未按规定进行可行性研究或风险分析。

（二）项目概算未按规定进行审查，严重偏离实际。

（三）未按规定履行决策和审批程序擅自投资。

（四）购建项目未按规定招标，干预、规避或操纵招标。

（五）外部环境和项目本身情况发生重大变化，未按规定及时调整投资方案并采取止损措施。

（六）擅自变更工程设计、建设内容和追加投资等。

（七）项目管理混乱，致使建设严重拖期、成本明显高于同类项目。

（八）违反规定开展列入负面清单的投资项目。

第十四条 投资并购方面的责任追究情形：

（一）未按规定开展尽职调查，或尽职调查未进行风险分析等，存在重大疏漏。

（二）财务审计、资产评估或估值违反相关规定。

（三）投资并购过程中授意、指使中介机构或有关单位出具虚假报告。

（四）未按规定履行决策和审批程序，决策未充分考虑重大风险因素，未制定风险防范预案。

（五）违反规定以各种形式为其他合资合作方提供垫资，或通过高溢价并购等手段向关联方输送利益。

（六）投资合同、协议及标的企业公司章程等法律文件中存在有损国有权益的条款，致使对标的企业管理失控。

（七）违反合同约定提前支付并购价款。

（八）投资并购后未按有关工作方案开展整合，致使对标的企业管理失控。

（九）投资参股后未行使相应股东权利，发生重大变化未及时采取止损措施。

（十）违反规定开展列入负面清单的投资项目。

第十五条 改组改制方面的责任追究情形：

（一）未按规定履行决策和审批程序。

（二）未按规定组织开展清产核资、财务审计和资产评估。

（三）故意转移、隐匿国有资产或向中介机构提供虚假信息，授意、指使中介机构出具虚假清产核资、财务审计与资产评估等鉴证结果。

（四）将国有资产以明显不公允低价折股、出售或无偿分给其他单位或个人。

（五）在发展混合所有制经济、实施员工持股计划、破产重整或清算等改组改制过程中，违反规定，导致发生变相套取、私分国有资产。

（六）未按规定收取国有资产转让价款。

（七）改制后的公司章程等法律文件中存在有损国有权益的条款。

第十六条　境外经营投资方面的责任追究情形：

（一）未按规定建立企业境外投资管理相关制度，导致境外投资管控缺失。

（二）开展列入负面清单禁止类的境外投资项目。

（三）违反规定从事非主业投资或开展列入负面清单特别监管类的境外投资项目。

（四）未按规定进行风险评估并采取有效风险防控措施对外投资或承揽境外项目。

（五）违反规定采取不当经营行为，以及不顾成本和代价进行恶性竞争。

（六）违反本章其他有关规定或存在国家明令禁止的其他境外经营投资行为的。

第十七条　其他违反规定，未履行或未正确履行职责造成国有资产损失或其他严重不良后果的责任追究情形。

第三章　资产损失认定

第十八条　对中央企业违规经营投资造成的资产损失，在调查核实的基础上，依据有关规定认定资产损失金额，以及对企业、国家和社会等造成的影响。

第十九条　资产损失包括直接损失和间接损失。直接损失是与相关人员行为有直接因果关系的损失金额及影响；间接损失是由相关人员行为引发或导致的，除直接损失外、能够确认计量的其他损失金额及影响。

第二十条　中央企业违规经营投资资产损失 500 万元以下为一般资产

损失，500 万元以上 5000 万元以下为较大资产损失，5000 万元以上为重大资产损失。涉及违纪违法和犯罪行为查处的损失标准，遵照相关党内法规和国家法律法规的规定执行。

前款所称的"以上"包括本数，所称的"以下"不包括本数。

第二十一条 资产损失金额及影响，可根据司法、行政机关等依法出具的书面文件，具有相应资质的会计师事务所、资产评估机构、律师事务所、专业技术鉴定机构等专业机构出具的专项审计、评估或鉴证报告，以及企业内部证明材料等，进行综合研判认定。

第二十二条 相关违规经营投资虽尚未形成事实资产损失，但确有证据证明资产损失在可预见未来将发生，且能可靠计量资产损失金额的，经中介机构评估可以认定为或有损失，计入资产损失。

第四章 责任认定

第二十三条 中央企业经营管理有关人员任职期间违反规定，未履行或未正确履行职责造成国有资产损失或其他严重不良后果的，应当追究其相应责任。违规经营投资责任根据工作职责划分为直接责任、主管责任和领导责任。

第二十四条 直接责任是指相关人员在其工作职责范围内，违反规定，未履行或未正确履行职责，对造成的资产损失或其他严重不良后果起决定性直接作用时应当承担的责任。

企业负责人存在以下情形的，应当承担直接责任：

（一）本人或与他人共同违反国家法律法规、国有资产监管规章制度和企业内部管理规定。

（二）授意、指使、强令、纵容、包庇下属人员违反国家法律法规、国有资产监管规章制度和企业内部管理规定。

（三）未经规定程序或超越权限，直接决定、批准、组织实施重大经济事项。

（四）主持相关会议讨论或以其他方式研究时，在多数人不同意的情况下，直接决定、批准、组织实施重大经济事项。

（五）将按有关法律法规制度应作为第一责任人（总负责）的事项、签订的有关目标责任事项或应当履行的其他重要职责，授权（委托）其他领导人员决策且决策不当或决策失误等。

（六）其他应当承担直接责任的行为。

第二十五条 主管责任是指相关人员在其直接主管（分管）工作职责范围内，违反规定，未履行或未正确履行职责，对造成的资产损失或其他严重不良后果应当承担的责任。

第二十六条 领导责任是指企业主要负责人在其工作职责范围内，违反规定，未履行或未正确履行职责，对造成的资产损失或其他严重不良后果应当承担的责任。

第二十七条 中央企业所属子企业违规经营投资致使发生本条第二款、第三款所列情形的，上级企业经营管理有关人员应当承担相应的责任。

上一级企业有关人员应当承担相应责任的情形包括：

（一）发生重大资产损失且对企业生产经营、财务状况产生重大影响的。

（二）多次发生较大、重大资产损失，或造成其他严重不良后果的。

除上一级企业有关人员外，更高层级企业有关人员也应当承担相应责任的情形包括：

（一）发生违规违纪违法问题，造成资产损失金额巨大且危及企业生存发展的。

（二）在一定时期内多家所属子企业连续集中发生重大资产损失，或造成其他严重不良后果的。

第二十八条 中央企业违反规定瞒报、漏报或谎报重大资产损失的，对企业主要负责人和分管负责人比照领导责任和主管责任进行责任认定。

第二十九条 中央企业未按规定和有关工作职责要求组织开展责任追究工作的，对企业负责人及有关人员比照领导责任、主管责任和直接责任进行责任认定。

第三十条 中央企业有关经营决策机构以集体决策形式作出违规经营投资的决策或实施其他违规经营投资的行为，造成资产损失或其他严重不良后果的，应当承担集体责任，有关成员也应当承担相应责任。

第五章　责任追究处理

第三十一条 对相关责任人的处理方式包括组织处理、扣减薪酬、禁入限制、纪律处分、移送国家监察机关或司法机关等，可以单独使用，也可以合并使用。

（一）组织处理。包括批评教育、责令书面检查、通报批评、诫勉、停职、调离工作岗位、降职、改任非领导职务、责令辞职、免职等。

（二）扣减薪酬。扣减和追索绩效年薪或任期激励收入，终止或收回其他中长期激励收益，取消参加中长期激励资格等。

（三）禁入限制。五年直至终身不得担任国有企业董事、监事、高级管理人员。

（四）纪律处分。由相应的纪检监察机构查处。

（五）移送国家监察机关或司法机关处理。依据国家有关法律规定，移送国家监察机关或司法机关查处。

第三十二条 中央企业发生资产损失，经过查证核实和责任认定后，除依据有关规定移送纪检监察机构或司法机关处理外，应当按以下方式处理：

（一）发生一般资产损失的，对直接责任人和主管责任人给予批评教育、责令书面检查、通报批评、诫勉等处理，可以扣减和追索责任认定年度 50% 以下的绩效年薪。

（二）发生较大资产损失的，对直接责任人和主管责任人给予通报批评、诫勉、停职、调离工作岗位、降职等处理，同时按照以下标准扣减薪酬：扣减和追索责任认定年度50%～100%的绩效年薪、扣减和追索责任认定年度（含）前三年50%～100%的任期激励收入并延期支付绩效年薪，终止尚未行使的其他中长期激励权益、上缴责任认定年度及前一年度的全部中长期激励收益、五年内不得参加企业新的中长期激励。

对领导责任人给予通报批评、诫勉、停职、调离工作岗位等处理，同时按照以下标准扣减薪酬：扣减和追索责任认定年度30%～70%的绩效年薪、扣减和追索责任认定年度（含）前三年30%～70%的任期激励收入并延期支付绩效年薪，终止尚未行使的其他中长期激励权益、三年内不得参加企业新的中长期激励。

（三）发生重大资产损失的，对直接责任人和主管责任人给予降职、改任非领导职务、责令辞职、免职和禁入限制等处理，同时按照以下标准扣减薪酬：扣减和追索责任认定年度100%的绩效年薪、扣减和追索责任认定年度（含）前三年100%的任期激励收入并延期支付绩效年薪，终止尚未行使的其他中长期激励权益、上缴责任认定年度（含）前三年的全部中长期激励收益、不得参加企业新的中长期激励。

对领导责任人给予调离工作岗位、降职、改任非领导职务、责令辞职、免职和禁入限制等处理，同时按照以下标准扣减责任认定年度70%～100%的绩效年薪、扣减和追索责任认定年度（含）前三年70%～100%的任期激励收入并延期支付绩效年薪，终止尚未行使的其他中长期激励权益、上缴责任认定年度（含）前三年的全部中长期激励收益、五年内不得参加企业新的中长期激励。

第三十三条　中央企业所属子企业发生资产损失，按照本办法应当追究中央企业有关人员责任时，对相关责任人给予通报批评、诫勉、停职、调离工作岗位、降职、改任非领导职务、责令辞职、免职和禁入限制等处理，同时按照以下标准扣减薪酬：扣减和追索责任认定年度30%～100%的绩效年薪、扣减和追索责任认定年度（含）前三年30%～100%的任期激励收入并延期支付绩效年薪，终止尚未行使的其他中长期激励权益、上缴责任认定年度（含）前三年的全部中长期激励收益、三至五年内不得参加企业新的中长期激励。

第三十四条 对承担集体责任的中央企业有关经营决策机构，给予批评教育、责令书面检查、通报批评等处理；对造成资产损失金额巨大且危及企业生存发展的，或造成其他特别严重不良后果的，按照规定程序予以改组。

第三十五条 责任认定年度是指责任追究处理年度。有关责任人在责任追究处理年度无任职或任职不满全年的，按照最近一个完整任职年度执行；若无完整任职年度的，参照处理前实际任职月度（不超过 12 个月）执行。

第三十六条 对同一事件、同一责任人的薪酬扣减和追索，按照党纪处分、政务处分、责任追究等扣减薪酬处理的最高标准执行，但不合并使用。

第三十七条 相关责任人受到诫勉处理的，六个月内不得提拔、重用；受到调离工作岗位、改任非领导职务处理的，一年内不得提拔；受到降职处理的，两年内不得提拔；受到责令辞职、免职处理的，一年内不安排职务，两年内不得担任高于原任职务层级的职务；同时受到纪律处分的，按照影响期长的规定执行。

第三十八条 中央企业经营管理有关人员违规经营投资未造成资产损失，但造成其他严重不良后果的，经过查证核实和责任认定后，对相关责任人参照本办法予以处理。

第三十九条 有下列情形之一的，应当对相关责任人从重或加重处理：

（一）资产损失频繁发生、金额巨大、后果严重的。

（二）屡禁不止、顶风违规、影响恶劣的。

（三）强迫、唆使他人违规造成资产损失或其他严重不良后果的。

（四）未及时采取措施或措施不力导致资产损失或其他严重不良后果扩大的。

（五）瞒报、漏报或谎报资产损失的。

（六）拒不配合或干扰、抵制责任追究工作的。

（七）其他应当从重或加重处理的。

第四十条 对中央企业经营管理有关人员在企业改革发展中所出现的失误，不属于有令不行、有禁不止、不当谋利、主观故意、独断专行等的，根据有关规定和程序予以容错。有下列情形之一的，可以对违规经营投资相关责任人从轻或减轻处理：

（一）情节轻微的。

（二）以促进企业改革发展稳定或履行企业经济责任、政治责任、社会责任为目标，且个人没有谋取私利的。

（三）党和国家方针政策、党章党规党纪、国家法律法规、地方性法规和规章等没有明确限制或禁止的。

（四）处置突发事件或紧急情况下，个人或少数人决策，事后及时履行报告程序并得到追认，且不存在故意或重大过失的。

（五）及时采取有效措施减少、挽回资产损失并消除不良影响的。

（六）主动反映资产损失情况，积极配合责任追究工作的，或主动检举其他造成资产损失相关人员，查证属实的。

（七）其他可以从轻或减轻处理的。

第四十一条 对于违规经营投资有关责任人应当给予批评教育、责令书面检查、通报批评或诫勉处理，但是具有本办法第四十条规定的情形之一的，可以免除处理。

第四十二条 对违规经营投资有关责任人减轻或免除处理，须由作出处理决定的上一级企业或国资委批准。

第四十三条 相关责任人已调任、离职或退休的，应当按照本办法给予相应处理。

第四十四条 相关责任人在责任认定年度已不在本企业领取绩效年薪的，按离职前一年度全部绩效年薪及前三年任期激励收入总和计算，参照本办法有关规定追索扣回其薪酬。

第四十五条　对违反规定，未履行或未正确履行职责造成国有资产损失或其他严重不良后果的中央企业董事、监事以及其他有关人员，依照国家法律法规、有关规章制度和本办法等对其进行相应处理。

第六章　责任追究工作职责

第四十六条　国资委和中央企业原则上按照国有资本出资关系和干部管理权限，组织开展责任追究工作。

第四十七条　国资委在责任追究工作中的主要职责：

（一）研究制定中央企业责任追究有关制度。

（二）组织开展中央企业发生的重大资产损失或产生严重不良后果的较大资产损失，以及涉及中央企业负责人的责任追究工作。

（三）认为有必要直接组织开展的中央企业及其所属子企业责任追究工作。

（四）对中央企业存在的共性问题进行专项核查。

（五）对需要中央企业整改的问题，督促企业落实有关整改工作要求。

（六）指导、监督和检查中央企业责任追究相关工作。

（七）其他有关责任追究工作。

第四十八条　国资委内设专门责任追究机构，受理有关方面按规定程序移交的中央企业及其所属子企业违规经营投资的有关问题和线索，初步核实后进行分类处置，并采取督办、联合核查、专项核查等方式组织开展有关核查工作，认定相关人员责任，研究提出处理的意见建议，督促企业整改落实。

第四十九条　中央企业在责任追究工作中的主要职责：

（一）研究制定本企业责任追究有关制度。

（二）组织开展本级企业发生的一般或较大资产损失，二级子企业发生的重大资产损失或产生严重不良后果的较大资产损失，以及涉及二级子企业负责人的责任追究工作。

（三）认为有必要直接组织开展的所属子企业责任追究工作。

（四）指导、监督和检查所属子企业责任追究相关工作。

（五）按照国资委要求组织开展有关责任追究工作。

（六）其他有关责任追究工作。

第五十条　中央企业应当明确相应的职能部门或机构，负责组织开展责任追究工作，并做好与企业纪检监察机构的协同配合。

第五十一条　中央企业应当建立责任追究工作报告制度，对较大和重大违规经营投资的问题和线索及时向国资委书面报告，并按照有关工作要求定期报送责任追究工作开展情况。

第五十二条　中央企业未按规定和有关工作职责要求组织开展责任追究工作的，国资委依据相关规定，对有关中央企业负责人进行责任追究。

第五十三条　国资委和中央企业有关人员，对企业违规经营投资等重大违规违纪违法问题，存在应当发现而未发现或发现后敷衍不追、隐匿不报、查处不力等失职渎职行为的，严格依纪依规追究纪律责任；涉嫌犯罪的，移送国家监察机关或司法机关查处。

第七章　责任追究工作程序

第五十四条　开展中央企业责任追究工作一般应当遵循受理、初步核实、分类处置、核查、处理和整改等程序。

第五十五条　受理有关方面按规定程序移交的违规经营投资问题和线索，并进行有关证据、材料的收集、整理和分析工作。

第五十六条　国资委专门责任追究机构受理下列企业违规经营投资的问题和线索：

（一）国有资产监督管理工作中发现的。

（二）审计、巡视、纪检监察以及其他有关部门移交的。

（三）中央企业报告的。

（四）其他有关违规经营投资的问题和线索。

第五十七条 对受理的违规经营投资问题和线索及相关证据、材料进行必要的初步核实工作。

第五十八条 初步核实的主要工作内容包括：

（一）资产损失及其他严重不良后果的情况。

（二）违规违纪违法的情况。

（三）是否属于责任追究范围。

（四）有关方面的处理建议和要求等。

第五十九条 初步核实的工作一般应于 30 个工作日内完成，根据工作需要可以适当延长。

第六十条 根据初步核实情况，对确有违规违纪违法事实的，按照规定的职责权限和程序进行分类处置。

第六十一条 分类处置的主要工作内容包括：

（一）属于国资委责任追究职责范围的，由国资委专门责任追究机构组织实施核查工作。

（二）属于中央企业责任追究职责范围的，移交和督促相关中央企业进行责任追究。

（三）涉及中管干部的违规经营投资问题线索，报经中央纪委国家监委同意后，按要求开展有关核查工作。

（四）属于其他有关部门责任追究职责范围的，移送有关部门。

（五）涉嫌违纪或职务违法的问题和线索，移送纪检监察机构。

（六）涉嫌犯罪的问题和线索，移送国家监察机关或司法机关。

第六十二条 国资委对违规经营投资事项及时组织开展核查工作，核实责任追究情形，确定资产损失程度，查清资产损失原因，认定相关人员责任等。

第六十三条　结合中央企业减少或挽回资产损失工作进展情况，可以适时启动责任追究工作。

第六十四条　核查工作可以采取以下工作措施核查取证：

（一）与被核查事项有关的人员谈话，形成核查谈话记录，并要求有关人员作出书面说明。

（二）查阅、复制被核查企业的有关文件、会议纪要（记录）、资料和账簿、原始凭证等相关材料。

（三）实地核查企业实物资产等。

（四）委托具有相应资质的专业机构对有关问题进行审计、评估或鉴证等。

（五）其他必要的工作措施。

第六十五条　在核查期间，对相关责任人未支付或兑现的绩效年薪、任期激励收入、中长期激励收益等均应暂停支付或兑现；对有可能影响核查工作顺利开展的相关责任人，可视情况采取停职、调离工作岗位、免职等措施。

第六十六条　在重大违规经营投资事项核查工作中，对确有工作需要的，负责核查的部门可请纪检监察机构提供必要支持。

第六十七条　核查工作一般应于6个月内完成，根据工作需要可以适当延长。

第六十八条　核查工作结束后，一般应当听取企业和相关责任人关于核查工作结果的意见，形成资产损失情况核查报告和责任认定报告。

第六十九条　国资委根据核查工作结果，按照干部管理权限和相关程序对相关责任人追究处理，形成处理决定，送达有关企业及被处理人，并对有关企业提出整改要求。

第七十条　被处理人对处理决定有异议的，可以在处理决定送达之日起15个工作日内，提出书面申诉，并提供相关证明材料。申诉期间不停止原处理决定的执行。

第七十一条　国资委或中央企业作出处理决定的，被处理人向作出该处理决定的单位申诉；中央企业所属子企业作出处理决定的，向上一级企业申诉。

第七十二条　国资委和企业应当自受理申诉之日起 30 个工作日内复核，作出维持、撤销或变更原处理决定的复核决定，并以适当形式告知申诉人及其所在企业。

第七十三条　中央企业应当按照整改要求，认真总结吸取教训，制定和落实整改措施，优化业务流程，完善内控体系，堵塞经营管理漏洞，建立健全防范经营投资风险的长效机制。

第七十四条　中央企业应在收到处理决定之日起 60 个工作日内，向国资委报送整改报告及相关材料。

第七十五条　国资委和中央企业应当按照国家有关信息公开规定，逐步向社会公开违规经营投资核查处理情况和有关整改情况等，接受社会监督。

第七十六条　积极运用信息化手段开展责任追究工作，推进相关数据信息的报送、归集、共享和综合利用，逐步建立违规经营投资损失和责任追究工作信息报送系统、中央企业禁入限制人员信息查询系统等，加大信息化手段在发现问题线索、专项核查、责任追究等方面的运用力度。

第八章　附　　则

第七十七条　中央企业应根据本办法，结合本企业实际情况，细化责任追究的范围、资产损失程度划分标准等，研究制定责任追究相关制度规定，并报国资委备案。

第七十八条　各地区国有资产监督管理机构可以参照本办法，结合实际情况制定本地区责任追究相关制度规定。

第七十九条　国有参股企业责任追究工作，可参照本办法向国有参股企业股东会提请开展责任追究工作。

第八十条　对发生生产安全、环境污染责任事故和不稳定事件的，按照国家有关规定另行处理。

第八十一条　本办法由国资委负责解释。

第八十二条　本办法自 2018 年 8 月 30 日起施行。《中央企业资产损失责任追究暂行办法》（国资委令第 20 号）同时废止。